Peter Lincoln

W0183376

Der Raum in mir

Schritte auf dem Weg zur Stille

Mit Übungen für den Alltag

aussaat

© 2009 Aussaat Verlag
Neukirchener Verlagsgesellschaft mbH, Neukirchen-Vluyn
www.nvg-medien.de
Überarbeitete und erweiterte Neuausgabe
Umschlaggestaltung: Ariane Krakowski, Hamburg,
unter Verwendung eines Bildes von © Fotolia
Lektorat: Marlis Büsching, Niesetal
DTP: Breklumer Print-Service, Breklum
Druck und Verarbeitung: Fuck Druck, Koblenz
Printed in Germany
ISBN 978-3-7615-5730-3

Inhalt

Für meine Töchter
Tania, Simone, Sarah und Anna

In mir zu Hause

Es ist einfach schön, nach einer langen, mühsamen Reise wieder zu Hause zu sein. Vielleicht steckten wir bei der Rückfahrt aus dem Urlaub mehrere Stunden im Stau, wir verpassten die Bahnverbindung oder hatten Probleme mit dem Auto, so dass wir sogar manchmal daran zweifelten, ob wir überhaupt ankommen würden. Nun sind alle Strapazen der Fahrt vorbei und wir sitzen mit einem heißen Getränk im Lieblingssessel und sind glücklich, endlich wieder da zu sein. Aber wie langweilig wäre es, immer zu Hause zu bleiben und uns jeden Tag stundenlang entspannt zurückzulehnen! Irgendwann hätten wir genug der Ruhe, die Decke fiele uns auf den Kopf und wir würden uns nichts anderes wünschen, als endlich auszugehen und das Zuhause zu verlassen.

Unser Zuhause ist der Ort, an dem wir uns normalerweise wohl fühlen, aber auch der Ort, von dem aus wir in die Aktivitäten des Lebens hineingehen. Zuhause ist zugleich Ruhepol und Ausgangspunkt. »Wenn du in dir selber nicht zu Hause bist«, heißt es in einem alten Lied, »wirst du nirgendwo zu Hause sein.« Mit anderen Worten: Es gibt auch ein Zuhause in mir, und solange ich dazu keinen Zugang habe, werde ich unruhig durch das Leben gehen, weil in meinen Beziehungen und Aktivitäten die notwendige Orientierung fehlt. Je mehr ich mein eigenes Zuhause entdecke und lerne, darin zu leben, desto fester werde ich im Leben stehen und durch das Leben gehen. Dieses Buch zeigt, dass der Weg nach Hause durch die Stille führt.

Es kann sein, dass der Begriff Stille bei uns nicht nur positive Gefühle, sondern auch kritische Fragen weckt. Ist nicht Stille in der heutigen Zeit ein unerhörter Luxus? Dürfen wir uns bei so viel Not nicht nur in der Welt, sondern auch in der eigenen Umgebung, in die Stille zurückziehen? Wäre das nicht noch ein Symptom der egoistischen Entwicklung in unserer Gesellschaft? In den siebziger Jahren setzten sich viele für sozialpolitische Themen ein und engagierten sich für Fragen der Umwelt, des Friedens und der Armut. Seit den neunziger Jahren dagegen pflegen wir eher unsere innere Welt und sind für die Nöte anderer taub geworden. Ist die Beschäftigung mit der Stille lediglich ein Trend? Es ist nicht meine Absicht, die Pflege eines persönlichen Innenraums zu fördern, die zunehmend dazu führt, dass wir uns den Bedürfnissen anderer verschließen. Das Buch ist vielmehr aus der Überzeugung geschrieben, dass persönliche Stille und Einsatz für andere so eng zusammengehören wie die zwei Seiten einer Münze. Das wird deutlich, wenn ich kurz beschreibe, aus welchem Zusammenhang es entstanden ist.

Bis Ende 2000 arbeitete ich mit Menschen, die eine lange Reise hinter sich haben – mit einer Rückkehr aus dem Urlaub nicht zu vergleichen. Einigen ist es gelungen, dem Chaos des Bürgerkrieges in Afghanistan zu entkommen. Andere haben an der Elfenbeinküste gegen die Korruption der Regierung demonstriert und mussten aus ihrem Land fliehen. Einige wurden in Peru von einer terroristischen Gruppe unter Druck gesetzt, andere in einem arabischen Land von muslimischen Fundamentalisten bedroht. Für viele wurde der ewige, harte Kampf gegen die Armut und Aussichtslosigkeit im eigenen Land irgendwann zu schwer und sie machten sich auf den Weg nach Deutschland. Eine Erfahrung haben alle diese Menschen gemeinsam: Sie haben etwas zurückgelassen, das ihnen wichtig und vertraut war: Eltern, Verwandtschaft, Freunde, eine landschaftliche Umgebung, eine Sprache, ein Klima – mit einem Wort, ihr Zuhause. In Hamburg oder in anderen deutschen Städten angekommen, merken sie allmählich, was sie verloren haben, und erleben, wie schwer es ist, in einer fremden Umgebung neue Wurzeln zu schlagen.

Das internationale Diakoniecafé »why not?« ist ein freikirchliches Projekt, das ich damals im Hamburger Karolinenviertel leitete und das inzwischen stolz auf über 17 Jahre Integrationsarbeit zurückblicken kann. Es lebt von dem Einsatz vieler ehrenamtlicher Mitarbeiterinnen und Mitarbeiter, die sich die Aufgabe gestellt haben, solchen Menschen praktisch zu helfen. Gäste aus vielen Teilen der Erde kommen ins Café, wo sie zu günstigen Preisen essen und trinken, Deutschkurse besuchen oder die kostenlose Rechtsberatung in Anspruch nehmen können. Im »why not?« haben sie die Möglichkeit, andere kennenzulernen, denen es ähnlich geht und mit deutschen oder ausländischen Mitarbeitern zu sprechen. Viele Café- oder Kursbesucher werden zu regelmäßigen Gästen und nicht selten hört man den Satz: »Bei euch im Café habe ich ein bisschen Zuhause wiedergefunden!«

Von Anfang an mussten wir lernen, dass dieses Zuhause mit dem Weg der Stille eng verbunden ist. Ich kann nicht an einem Haus für andere bauen, wenn ich mein eigenes vernachlässige. Wenn ich in mir selber keinen Ort der Ruhe finde, wird mir früher oder später die Kraft fehlen, die für die Arbeit mit anderen nötig ist und ich werde irgendwann ausbrennen. Wenn ich nicht den Mut aufbringe, meine Gedanken und Gefühle in der Stille auszuhalten, werde ich die Aufgabe immer wieder als Flucht vor mir selbst missbrauchen und dadurch weniger in der Lage sein, anderen zu helfen. Wenn ich es nicht wage, auch das Schweigen Gottes in der Stille wahrzunehmen, werde ich zwar mit anderen reden, aber meine Worte werden wenig überzeugen. Die Gedanken in diesem Buch sind also nicht in erster Linie aus der Zurückgezogenheit, sondern aus den bunten und manchmal auch leidvollen Begegnungen mit den Menschen im »why not?« entstanden. Hier haben wir angefangen zu verstehen: Einsatz und Stille sind aufeinander angewiesen.

Aber vielleicht empfinden wir Hemmungen an einer anderen Stelle, wenn es um die Stille geht. Wir verbinden sie zum Beispiel mit Menschen, die eine besonders fromme oder gar mystische Richtung vertreten und dahin tendieren, sich von den Interessen und Beschäftigungen des Alltags abzuheben. Früher waren sie irgendwie normal, aber im Laufe der Zeit scheinen sie ihren Sinn für Humor und für das Genießen des Lebens verloren zu haben. Dann protestieren wir: »Ich will aber kein Heiliger werden!« Ein ähnlicher Gedanke hat wohl zu dem Aphorismus von Stanislaw Jerzy Lec geführt: »Ich lese die Lebensläufe der Heiligen gerne von hinten, im Glauben, es könnte vielleicht einer mit der Zeit wieder Mensch werden.«[1] Es ist meine Hoffnung, dass dieses Buch von vorne bis hinten gelesen werden kann, ohne dass wir die nüchternen Realitäten unseres Menschseins aus den Augen verlieren! Es will keine Patentrezepte vermitteln, wie man »ein erfolgreiches geistliches Leben« zu führen habe, denn ich bin der festen Überzeugung, dass es solche einfachen Lösungen nicht gibt. Da ich mich selbst als Anfänger auf dem Weg zur Stille verstehe,

---

[1] Stanislaw Jerzy Lec, *Neue unfrisierte Gedanken,* München 1964, S. 35

möchte ich nur etwas Begleithilfe anbieten und ermutigen, mit mir erste Schritte auf diesem Weg zu wagen.

Das Wort »wagen« deutet an, dass der Weg nicht ohne Widerstand zu beschreiten ist. Viele werden von der Stille abgehalten, weil sie eine gewisse Angst verspüren: Wenn ich mich darauf einlasse, dann weiß ich nicht, was in mir hochkommt und wo der Weg hinführt. Wer nichts wagt, wird auch nichts gewinnen, heißt es. Im zweiten Abschnitt »Sich auf die Stille einlassen« werde ich auf unsere Ängste vor der Stille näher eingehen, aber hier möchte ich Mut machen, uns nicht nur das Risiko, sondern auch den Gewinn vor Augen zu führen. »Gibst du der Stille den kleinen Finger, nimmt sie die Hand und löst dir die Faust« hat jemand geschrieben, der wusste, dass sich die Stille in allen Bereichen des Lebens positiv auswirken kann, wenn wir nur bereit sind, uns darauf einzulassen. Vor allem öffnet sie einen Zugang zu dem Raum in mir, der mir hilft, mitten in den Beschäftigungen des Lebens wirklich zu Hause zu sein. Als Christ bin ich der Überzeugung, dass dieses Zuhause ein Geschenk Gottes ist, das ich weder erarbeiten noch verdienen kann. Aber das Geschenk macht mich nicht zum passiven Empfänger. Wer zum Geburtstag eine Querflöte bekommt, muss mit Geduld und Disziplin jahrelang üben, um das Geschenk wirklich zu genießen. So fällt mir das Zuhause nicht einfach in den Schoß, sondern es will erlernt werden und wer es kennenlernen und genießen möchte, muss sich auf eine lange Reise begeben, die zur Stille führt.

Ich verstehe dieses Buch als eine Art Reiseführer von jemandem, der etwas Schönes entdeckt hat und andere ermutigt, sich auch auf die Reise zu machen. Die ersten drei Kapitel bereiten uns darauf vor, indem sie verschiedene Zugänge zur Stille beschreiben. Sie stellen erste Übungen vor, die uns einen kleinen Vorgeschmack von dem geben, was uns auf dem Weg erwartet. Im zweiten und dritten Teil werden wir durch praktische Ausführungen und weitere Übungen eingeladen, uns auf die erste Wegstrecke zu begeben. Der abschließende Abschnitt will noch einmal verdeutlichen, dass uns diese Reise nicht vom Alltag entfernt, sondern vielmehr ins Leben hineinführt.

Ohne die folgenden Inspirationsquellen wäre das Buch nicht zustande gekommen:

- die Stille der walisischen Berge, wo die Idee entstanden ist
- meine Frau Margaret, die mir in entscheidenden Augenblicken Unterstützung gegeben hat
- die MitarbeiterInnen von »why not?«, die mich immer wieder zur Erde zurückgeholt haben
- Maria Helm-Winkler, meine Gesangslehrerin, die mir Augen und Ohren dafür öffnete, dass der Raum in mir durch Vertrauen und Freude, aber auch durch Disziplin und Übung wächst.

I. Zugänge

Kapitel I

Die verlorene Mitte

Meditieren ist gleichsam in der Mitte verweilen oder von der Mitte und dem Innersten bewegt werden.

MARTIN LUTHER[2]

Dreißig Speichen teilen die Nabe,
das Loch in der Mitte macht es brauchbar.

LAO TSE[3]

Lesen oder tun?

Für viele Menschen ist es leichter, ein Buch über die Stille zu lesen, als in die Stille zu gehen. Die Versuchung liegt nahe, durch das Lesen Informationen zu sammeln, die dann im Kopf gespeichert oder an andere weitervermittelt werden. Wir lesen den Reiseführer, aber besuchen nie das Land, das dort beschrieben wird. Und doch brauchen wir bei unserem Thema weder Geld zu sparen, um ein Flugticket zu kaufen, noch müssen wir lange warten, bevor wir mit der Reise beginnen können. Der Weg steht uns zu jeder Zeit offen und wenn wir möchten, können

2 Martin Luther, *Werkausgabe* 55 II 1, S. 26
3 Lao Tse, *Tao te king*, S. 11

wir schon nach dem Lesen der ersten Zeilen ein paar vorsichtige Schritte gehen. Deswegen beginnen wir mit einer kleinen Übung, die so einfach ist, dass jeder sie ausprobieren kann, und die dafür sorgt, dass wir gleich von Anfang an dieses Buch nicht als theoretisches Handbuch, sondern als eine praktische Einführung in die Stille verstehen.

Ich setze mich hin und versuche, eine Viertelstunde lang nichts zu tun! Nachdem ich die folgenden Anweisungen gelesen habe, kann ich das Buch beiseite legen und mir nichts Konkretes vornehmen. Ich schalte das Radio oder die Musikanlage aus und sorge dafür, dass ich in dieser Zeit weder vom Telefon noch von Menschen gestört werden kann. Ich finde eine bequeme Sitzposition – entweder aufrecht auf einem normalen Stuhl oder im Schneidersitz auf der Erde – und bleibe möglichst ohne Bewegung in dieser Haltung. Ich fange aber nicht an laut zu beten, sondern bleibe auch im Kopf still.

Natürlich ist es unmöglich, absolut nichts zu tun, denn der Kopf und der Körper bleiben immer aktiv. Wichtig ist, sich nichts Aktives vorzunehmen, sondern wahrzunehmen, was ist. Ich nehme meinen Atem wahr; aber ob ich in diesen Augenblicken »richtig« ein- und ausatme, kann mir egal sein. Ich nehme auch das wahr, was ich höre und was meine Augen aus der unmittelbaren Umgebung aufnehmen. Nach 15 Minuten schreibe ich auf, wie es mir in der Stille ergangen ist ...

Wie haben Sie die Stille erlebt? Vielleicht haben Sie schon bei dieser ersten Übung gemerkt, wie wohltuend es sein kann, einmal von den vielen Aktivitäten des Lebens abzulassen und etwas von der Muße wiederzuentdecken, die Sie seit der Kindheit nicht mehr genossen haben. Wahrscheinlicher ist es aber, dass es Ihnen so erging wie mir oft. Wir wollen still werden, aber alles in uns wehrt sich dagegen. Wir sind überrascht, dass eine einfache Übung so schwer durchführbar ist. Zuerst sind es die Gedanken im Kopf, die uns stören. Ob das Gespräch morgen mit dem Arbeitskollegen schwierig sein wird? Soll ich doch heute mit meiner Tochter zum Arzt wegen der Verletzung am Knie? Warum klappert die Tür immer nebenan? Aber auch der Körper findet es nicht leicht, still zu bleiben. Die Herausforderung still zu sitzen, scheint alle bewussten oder halbbewussten Gewohnheiten zu aktivieren, womit unser Körper die Zeit vertreibt! Ich kratze mich am Ohr, spiele mit den Zehen, kaue an den Fingernägeln, wippe hin und her auf meinem Stuhl – die Möglichkeiten sind vielfältig.

Also könnte die erste Entdeckung auf der Reise lauten: Stille finden ist nicht leicht. Sie fällt uns nicht ohne Mühe in den Schoß. Wer die Stille sucht, stößt auf Widerstand. Auch die Leser, die bei dieser ersten Übung die Stille genießen konnten, werden merken, dass dies nicht immer der Fall ist, sondern eher eine Ausnahme.

Die Ameise am Wagenrad

Mit der Stille ist es wie mit einer Ameise am Wagenrad. Wenn der Wagen fährt, ist die Bewegung am Rande des Rades viel schneller als in der Mitte. Um der rasenden Geschwindigkeit an der Peripherie zu entkommen, muss die Ameise an der Speiche entlang kriechen. Je mehr sie sich der Mitte des Rades nähert, desto langsamer werden die Kreise, die sie drehen muss. Wenn sie die Nabe erreicht und auf dem Achsnagel sitzt, hat sie den Ruhepunkt gefunden, von dem die ganze Bewegung des Rades ausgeht. Ab einer bestimmten Geschwindigkeit wird es aber immer schwerer, zur Mitte zu gehen, denn die Zentrifugalkraft drückt alles in die entgegengesetzte Richtung. Wer zur Mitte will, muss sich gegen diesen Widerstand durchsetzen. Wenn die Ameise passiv bleibt und an den Rand gedrückt wird, kommt sie allmählich in die Gefahr, »gerädert« zu werden.

Die Entwicklung der Technologie in den letzten Jahren sorgte dafür, dass sich das Rad unseres täglichen Lebens immer schneller dreht. Eine Zeitlang halten wir gut mit, aber irgendwann wird uns schwindelig und wir wissen nicht, wie lange wir das noch schaffen. Ein Arbeitsvorgang, der vor 20 Jahren Stunden oder sogar Tage in Anspruch nahm, kann heute mit Hilfe der Kommunikationstechnik sehr viel schneller erledigt werden. Wir brauchen nicht mehr irgendwohin zu gehen, um Informationen zu holen. Vieles ist durch Computertechnologie sofort abrufbar. Wir brauchen nicht tagelang auf die Antwort eines Briefes zu warten, um uns in einer wichtigen Angelegenheit zu entscheiden. Mit der Hilfe von E-Mails habe ich die Antwort innerhalb kürzester Zeit, kann sofort meine Entscheidung treffen und schon ist der nächste Arbeitsvorgang dran. Leider ist es selten der Fall, dass diese Fortschritte uns mehr Freizeit verschaffen. Anstatt die gesparte Zeit zu nutzen, um uns zu entspannen, wird sie recht schnell mit neuen Aufgaben ausgefüllt. Wer nicht bewusst dagegensteuert, wird weiter bis zum Rande des sich immer schneller bewegenden Rades geschleudert. Und weil wir wissen, dass andere sich über unseren Arbeitsplatz freuen würden, wagen wir es nicht kürzerzutreten.

Selbstverständlich sorgen wir für Ausgleich, weil wir ja wissen, dass der Mensch nicht nur arbeiten kann.

Aber auch unsere Entspannungsmethoden haben sich im Laufe der letzten Jahre geändert. Es ist nicht einfach, für drei Wochen aus einem hektischen Berufsleben auszusteigen, um im Urlaub abzuschalten. Weil der Kontrast zu groß ist, leiden viele gerade am Anfang der Urlaubswochen an stressbedingten Krankheiten. Deshalb neigen wir dazu, die Freizeit auch mit Aktivität zu füllen. Anstatt am Strand oder im Garten zu faulenzen, bevorzugen wir Abenteuerurlaub (mit der Betonung auf »teuer«!), in dem unser Körper durch Mountainbike-Touren, Kanufahrten oder Bergsteigen extrem herausgefordert wird. Auch in den anderen Monaten des Jahres, in denen wir arbeiten müssen, besteht die sogenannte Entspannung oft darin, Leistungssport zu treiben. Im Joggingschritt hetzen wir mit der Stoppuhr durch den Wald, oder wir schlagen beim Squash einen kleinen Ball solange gegen die Wand, bis uns der Schweiß von der Stirn tropft. Zur Erholung setzen wir uns dann vor einen Fernsehbildschirm, wo die Bilder fast noch schneller wechseln als die vielen Eindrücke des vergangenen intensiven Arbeitstages.

Um neue Kräfte zu sammeln, wäre es wichtig, zur Mitte zu kommen. Stattdessen aber wechseln wir sozusagen von einem drehenden Rad zum anderen. Wir meinen, dadurch einen Ausgleich zu finden und merken nicht, dass die anregende Art unserer Freizeitgestaltung nicht zur wirklichen Erholung und Ruhe führt, sondern lediglich den Stress des Alltags mit einer anderen Form von Stress ersetzt.

Es ist jedoch nicht nur die Geschwindigkeit des Lebens am Rande des Rades, die uns daran hindert, zur Mitte zu kommen. Mit der Mitte selbst ist etwas nicht in Ordnung. Das Problem liegt nicht nur darin, dass wir zu viel zu tun hätten. Unter bestimmten Umständen ist ein Mensch in der Lage, ein riesiges Pensum an Arbeit zu leisten, auch über einen längeren Zeitraum hinweg. Wenn der Drehpunkt stimmig ist, kann ein Rad sogar große Geschwindigkeiten verkraften. Die Nabe muss genau in der Mitte sein, sonst wird das Rad leiern. Wenn eine Befestigung im Zentrum aber völlig fehlen würde, könnte das Rad seinen Zweck nicht erfüllen. Jeder von uns braucht eine Mitte. Das ist der Ort, an dem ich befestigt bin, ein Platz, wo ich wirklich hingehöre. Dieser Ort ist zugleich Mittel- und Ruhepunkt meines Lebens; dort kann ich Kraft schöpfen und von dort aus gehe ich in die Aktivitäten des Lebens hinein. Von dieser Mitte aus definiere ich meine Funktion im Leben; von der Mitte aus weiß ich, was ich zu tun habe. Dort bin ich zu Hause.

An einem Tag in der Woche, an dem ich etwas mehr Zeit für die Stille finden kann, versuche ich, mir die »Mitte« meines Lebens etwas deutlicher vorzustellen. Ich nehme zwei Bögen Papier und male auf dem ersten einen großen Kreis, der mein Leben darstellen soll. An verschiedenen Stellen des Kreises trage ich die Teilgebiete meines Lebens ein, wie zum Beispiel Beruf, Partnerschaft, Familie, Gemeinde oder Freizeitbeschäftigungen wie Sport, Musik oder Ähnliches: die Wichtigeren näher an der Mitte, die anderen am Rande. Wahrscheinlich wird keins von diesen Themen den absoluten Mittelpunkt bilden. Bleibt die Mitte leer oder was macht die Mitte dieses Kreises aus? An dieser Stelle bin ich vorsichtig mit Antworten, die sich aus dem Bereich meines christlichen Glaubens anbieten. Es geht hier nicht darum, ein Glaubensbekenntnis abzulegen, sondern zu erkennen, was für mich stimmig ist. Weil kein anderer Mensch das Blatt sehen wird, kann ich es mir leisten, ehrlich zu sein. Ich nehme mir Zeit dafür und prüfe, ob das, was ich eingetragen habe, der Realität meines Alltags entspricht.

Jeder Mensch hat eine Sehnsucht nach einer tragfähigen Mitte. Auf dem zweiten Bogen male ich mit Buntstiften ein Bild meiner Sehnsucht. Es kann eine Landschaft sein oder ein einfaches Zusammenspiel von Farben und Formen. Es kommt weder auf meine »Kunst« noch auf einen richtigen theologischen Inhalt an. Ich male die Sehnsucht, die in mir ist und wenn ich gar keine verspüre, male ich auch das. Wenn ich mich das nächste Mal eine Viertelstunde vor Gott hinsetze und nichts tue, lege ich die zwei Bögen vor mir auf die Erde.

Aber wie ist es, wenn wir die Mitte nur schwach empfinden oder den Eindruck haben, dass sie völlig fehlt? Es ist interessant zu beobachten, wie wir uns bei einer ersten Begegnung mit anderen Menschen gegenseitig vorstellen. Wir wollen schließlich wissen, wer das ist, dem oder der wir gerade gegenüberstehen. Aber die Frage: »Wer sind Sie?« und dadurch auch »Wer bin ich?« ist nicht leicht zu beantworten und so müssen wir uns mit unvollständigen Antworten zufriedengeben. Meine Identität, mein Ich, ist die Mitte des Rades, aber sie ist schwer zu greifen und überhaupt nicht in drei kurzen Sätzen zusammenzufassen. Deswegen fangen wir eher am Rande des Rades an; wir sagen unseren Namen, verraten unsere Herkunft, vielleicht ob wir verheiratet sind und schnell landen wir bei der Frage nach unserem Beruf. Je nach dem, wie die Antworten an dieser Stelle lauten, ist der weitere Verlauf des Gesprächs entweder gesichert, oder man macht sich auf die Suche nach einem neuen Gesprächspartner. Als Pastor erlebte ich mehr als einmal, dass ein Gespräch nach der Offenbarung meines Berufs von meinem Gegenüber abrupt abgebrochen wurde!

Solche Gespräche sind leider Spiegel einer bestimmten Lebenseinstellung. Es läuft nicht nur in der Vorstellungsrunde so. Weil wir den Kontakt zur Mitte verloren haben, definieren wir uns selber immer mehr über Teilbereiche am Rande – vor allem über unsere Rolle im Beruf oder in der Familie. Wer sich sehr stark mit der Rolle identifiziert, bekommt zumindest eine Zeitlang viel Energie, um sie erfolgreich auszuführen: Eltern, besonders Mütter, die unter den schwersten Umständen ihre Kinder erziehen, oder Frauen und Männer, die »mit ganzer Seele« beruflich engagiert sind oder durch ehrenamtliche Tätigkeiten vieles in Bewegung bringen, um ihren Mitmenschen zu helfen. Sie leben so, als ob sie eine Mitte haben, aber haben dabei etwas zur Mitte gemacht, das zwar Kraft erzeugt, doch langfristig nicht tragfähig sein kann. Wenn die Kinder von zu Hause weggehen, hat das Leben plötzlich wenig Sinn; oder wenn einem die Stelle gekündigt wird, fällt auf einmal alles zusammen.

Ersatzmittelpunkte

Einige Veränderungen in unserem Denken in den letzten Jahren haben außerdem dazu geführt, dass solche »Ersatzmittelpunkte« schon viel früher an Sicherheit und Antriebskraft verlieren. Früher waren zum Beispiel die

Rollen von Ehepartnern ziemlich klar festgelegt: Die Frau war für das Gebären und die Erziehung der Kinder und der Mann für die Sicherung der finanziellen Existenzgrundlage zuständig und kaum jemand würde heute die Befreiung aus solchen einengenden und diskriminierenden Bahnen bereuen. Aber in Beziehungen, in denen eine neue Verteilung der Rollen nicht deutlich genug geklärt und praktiziert wird, kann es manchmal zu großen Unsicherheiten und Überforderungen kommen, die an den Kräften zehren. Dann tut sich die Frau immer schwerer damit, den Ansprüchen von Kindern und Beruf gleichzeitig gerecht zu werden und wünscht, dass der Ehepartner ihr etwas mehr abnehmen würde. Der Mann wird durch den Beruf stark gefordert, hat aber oft das Gefühl, er sollte in der Familie mehr tun; wenn er dem nachgeht, plagt ihn der Gedanke, dass er nicht genug Zeit für den Beruf einsetzt. Das Gefühl, nie genug tun zu können, zusammen mit den immer häufigeren Klärungsgesprächen zwischen den Ehepartnern, macht das Leben für beide Seiten immer schwerer. Frauen und Männer werden ausgebrannt, weil ihre Beziehung, die sonst immer ein kraftspendender Ruhepol war, zu einem Problem geworden ist, das ihnen noch die letzten Kräfte raubt.

Eine weitere Ersatzmitte, die in den letzten Jahrzehnten an Tragfähigkeit verloren hat, ist der ehrenamtliche Einsatz im gesellschaftlichen oder kirchlichen Bereich. Mit jungem Idealismus interessierte man sich für Umweltfragen, Randgruppen in der Gesellschaft, Armut und Hunger in der Dritten Welt. Von der Motivation getragen, Menschen zu helfen und die Welt zu verändern, verbrachten viele ihre gesamte Freizeit damit, sich zu informieren, Aktionen zu starten und andere zu ermutigen, sich daran zu beteiligen. Oder man arbeitete in der Gemeinde eifrig mit und hoffte, durch den Einsatz Veränderungen an Menschen oder an verkrusteten Strukturen zu bewirken. Diese Aktivitäten waren nicht bloß eine Art Hobby, sondern eine Aufgabe, fast eine Mission, um die sich das ganze Leben drehte. Doch irgendwann kam die Erkenntnis, dass sich durch das Engagement nicht so viel geändert hat. Die Mitte verlor an Kraft; der Schwerpunkt des Lebens verlagerte sich mehr auf andere Dinge und erst nach und nach merkte man, dass etwas Tragendes jetzt fehlte.

Die Suche nach der Seele

Kurz nach der Jahrtausendwende machen sich also immer mehr Menschen auf die Suche nach einem zentralen Integrationspunkt für ihr Leben, der ihnen die verlorene Energie, Identität und Richtung wiederherstellt. Einerseits fühlen sie sich von der wachsenden Geschwindigkeit des Lebens überfordert und kommen nicht zur Ruhe; andererseits ist das, was sie bisher angetrieben hat, kompliziert oder fragwürdig geworden. Außerdem macht sich diese Krise nicht erst in der Mitte des Lebens als »mid-life-crisis« bemerkbar, sondern immer öfter leiden auch jüngere Menschen an Erschöpfungsdepressionen oder am Burnout-Syndrom. Der moderne Mensch – wie Carl Gustav Jung schon 1928 formulierte – ist auf der Suche nach seiner Seele.

Lange Zeit waren die christlichen Kirchen der Ort, an dem diese Sehnsucht befriedigt werden konnte. Häufig erscheint aber heute das Leben der Christen nicht so sehr als Lösung, sondern eher als Teil des Problems. Es wird theoretisch daran festgehalten, dass der Glaube eine Mitte des Lebens verspricht, aber in Wirklichkeit leiden Christen nicht selten an genau denselben Punkten wie ihre Mitmenschen. Zur pietistischen Tradition gehört der Grundsatz, dass eine persönliche Beziehung zu Gott durch Jesus Christus im Mittelpunkt des Lebens steht. Wer aber heute genauer hinschaut, wird in vielen Fällen eine Kluft zwischen Anspruch und Wirklichkeit beobachten. Anstatt einer lebenden Mitte finden wir viel Bewegung am Rande. Die moderne Gesellschaft kann es nicht so gut vertragen, lange auf etwas zu warten. Auch viele Gemeinden sind der Versuchung verfallen, zu meinen, dass ein geistliches Wachstum kurzfristig machbar wäre. Christliche Kirchen und Organisationen arbeiten zunehmend »programmorientiert« und bieten gegen den Verlust der Mitte viele Aktivitäten an. Aber anstatt einen Hunger zu stillen, zehren sie an den Kräften der relativ kleinen Zahl der Mitarbeiter, die die Veranstaltungen organisieren und durchführen müssen. Wenn diese im Gemeindeleben nirgendwo Gelegenheit finden, zur Ruhe zu kommen und sich innerlich zu regenerieren, werden sie irgendwann mit denselben Erschöpfungssymptomen zu tun haben wie andere auch.

Eine zunehmende Ehrlichkeit unter Christen in den letzten Jahren hat dazu geführt, dass solche Defizite zugegeben werden. Infolgedessen werden immer mehr Gemeinsamkeiten mit unseren Mitmenschen entdeckt, die den christlichen Glauben nicht teilen. Angesichts einer solchen Situation wächst auch die Erkenntnis, dass es nicht immer sinnvoll ist, wenn Christen noch ihre letzten Kräfte für evangelistische Veranstaltungen mobilisieren, um andere von der Richtigkeit ihres Glaubens zu überzeugen. Es wäre vielleicht wichtiger, auf einige der vielen Aktivitäten zu verzichten, um sich etwas Ruhe zu gönnen und um darüber nachzudenken, wie die Mitte, an die wir glauben, auch eingeübt und erlebt werden kann. Die folgende Übung kann uns dabei helfen.

Ich setze mich hin und lasse die Gedanken, die das Lesen dieses Kapitels ausgelöst hat, langsam zur Ruhe kommen. Ich nehme wahr, dass ich nicht nur einen Kopf, sondern auch einen Körper habe und spüre bewusst die Stellen meines Körpers, die sich im direkten Kontakt zu meinem Stuhl oder Sessel oder zum Fußboden befinden (Sitzfläche, Rücken, Fußsohlen) – als ob mein Körper eine Art Behausung ist und ich mir die Außenwände dieses Hauses bewusst mache. Durch das Ein- und Ausatmen merke ich, dass mein Haus auch Innenräume hat; beim Einatmen erlebe ich ein leichtes Dehnen im Brustkorb oder auch tiefer im Bereich des Zwerchfells und beim Ausatmen werden diese Räume wieder etwas kleiner.

Ich bleibe eine Weile im Zuhause meines Körpers und versuche, weniger darüber nachzudenken und mehr nachzuspüren, wie es für mich ist, dieses Haus zu bewohnen. Hat dieses Haus so etwas wie eine Mitte? Wenn ja, wie erlebe ich sie? Was löst in mir der Gedanke aus, dass in meiner Mitte nicht nur ich, sondern auch Gott wohnt oder wohnen könnte?

Durch die Stille zur Mitte

Stille bietet eine wunderbare Möglichkeit, uns wieder auf den Weg zur Mitte zu machen. Im Neuen Testament lesen wir, dass der Körper mehr ist als nur ein Haus – er ist sogar ein Tempel (1 Kor 6,19). Und Gott entscheidet sich dafür, durch seinen Geist diesen Tempel meines Körpers zu bewohnen und das nicht alleine, sondern mit mir zusammen. Ein anderes Wort für Stille heißt Kontemplation. In der Mitte steckt das Wort »Tempel«, aber davor kommt die Silbe »kon« (deutsch: mit). Weder Gott noch ich muss den Tempel meines Körpers allein bewohnen, sondern in meiner Mitte kann eine Beziehung zwischen Gott und mir entstehen, eine Art »Kohabitation« oder »Wohngemeinschaft«!

Im Laufe der zweitausendjährigen Geschichte der christlichen Spiritualität haben Menschen immer wieder festgestellt: Stille oder Meditation im christlichen Sinne hat als Ausgangspunkt und als Ziel die Beziehung zwischen Gott und mir. Wer sich auf den Weg in die Stille macht, wird erleben, wie sich diese Beziehung langsam aber sicher von beiden Seiten entwickelt. Durch die Stille werden wir mit der Wahrheit unserer eigenen Person konfrontiert, indem wir unsere Alltagsbeschäftigungen und Ersatzmitten vorübergehend loslassen und deutlicher erkennen, was unsere wirkliche Identität ausmacht. Und durch die Stille werden wir gelegentlich von manchem vertrauten, aber nicht mehr passenden Gottesbild Abschied nehmen, um uns für die Gegenwart Gottes neu zu öffnen.

Eins aber ist not

Als die vielbeschäftigte Martha über ihre Schwester klagte, weil sie nicht genug tun würde, antwortete Jesus: »Martha, Martha, du hast viel Sorge und Mühe. Eins aber ist not« (Lk 10,41-42). Gehöre ich zu denen, die herumwirbeln – in der Gemeinde, im Beruf, in der Familie – und sich entweder hörbar oder nur für sich über das mangelnde Engagement der anderen beschweren? Dann wäre die Übung am Anfang des Kapitels genau das Richtige für mich. Ich setze mich hin und tue nichts. Und das nicht nur einmal, sondern ab jetzt reserviere ich mir jeden Tag eine Viertelstunde Zeit dafür, oder – wenn das nicht geht – einmal in der Woche und dann etwas länger. Es wird nicht leicht sein, weil alles sich in mir dagegen auflehnt, mich an die vielen Dinge erinnert, die in der Zeit getan werden müssten, und mir vorwirft, kostbare Zeit zu verschwenden. Gegen diese Stimmen muss ich mich durchsetzen, denn gerade dann, wenn ich nichts tue, habe ich die Gelegenheit, endlich zur Ruhe zu kommen und zu merken: In der Stille bin ich nicht allein, sondern, wie Maria, in der Gegenwart eines anderen.

Für die meisten von uns ist das noch ein langer Weg. Aber wenn wir heute nicht auf das »Eins aber ist not« hören, werden wir immer weiter bis zum Rande des Rades gedrängt, bis wir die Geschwindigkeit der Bewegung nicht mehr aushalten und seelisch und körperlich gezwungen werden, aufzuhören. Wie einer aus dem Alten Testament dies am eigenen Leib erlebt hat, davon handelt das nächste Kapitel.

Kapitel 2

Der lange Weg

In Hamburg lebten zwei Ameisen,
Die wollten nach Australien reisen.
Bei Altona auf der Chaussee,
Da taten ihnen die Beine weh,
Und da verzichteten sie weise
Dann auf den letzten Teil der Reise.

JOACHIM RINGELNATZ[4]

Die Gegend in Wales, in der ich mehrere Jahre nacheinander mit meiner Familie ein paar Urlaubswochen verbrachte, ist ziemlich hügelig. Um die Schönheit dieser vielfältigen Landschaft etwas unmittelbarer zu genießen als durch die Fenster eines Autos, machten wir oft eine Fahrradtour. Dabei gab es Momente, in denen ich trotz der 18 Gänge eines Mountainbikes die Kraft eines Motors sehr stark vermisste! Es geht bergauf, der letzte Gang ist schon im Einsatz, aber bei der nächsten Kurve erscheint der höchste Punkt der Steigung erreicht zu sein. Umso größer die Enttäuschung, wenn ich nach Erreichen der Kurve feststelle, dass die Straße noch weiter bergauf geht und kein Ende in Aussicht ist. Ich muss vom Fahrrad absteigen, mir die Schweißtropfen von der Stirn abwi-

[4] Joachim Ringelnatz, *Gedichte,* Berlin 1950, S. 7

schen und neue Kräfte sammeln. Besonders motivierend ist dann die Vorfreude auf die mühelose zweite Hälfte der Tour, in der es fast nur hinunter geht.

Die Reise in die Stille wird genauso unterschätzt wie die Schwierigkeit einer solchen Bergtour. Die Idee der Stille als ein Gegenmittel zu einem stressgefüllten Leben wirkt anziehend, aber der Weg in die Stille erfordert Zielstrebigkeit und Ausdauer. Es handelt sich weniger um einen Tagesausflug, sondern mehr um eine Lebensreise. Wir werden unterwegs schöne Aussichten erleben und neue Ebenen entdecken, aber wenn wir meinen, am Ziel zu sein, werden wir immer neu feststellen müssen, dass der Weg weitergeht. Gerade weil wir in einer Zeit leben, die schnelle Antworten und Lösungen bevorzugt, liegt die Versuchung nahe, die Stille im Schnellverfahren »erlernen« zu wollen. Wir besuchen Kurse oder kaufen Bücher, die uns Gesundheit oder geistliches Wachstum in fünf einfachen Schritten versprechen. Und wir vergessen die Ermahnung aus der Bergpredigt, dass die Pforte eng und der Weg schmal ist, der zum Leben führt. Allzu oft meinen wir, eine kurze Pause würde genügen, um neue Kräfte zu sammeln, bevor wir uns wieder in die Arbeit stürzen und dort fortsetzen, wo wir vorhin aufgehört haben. Wir freuen uns, wenn wir am Anfang oder am Ende eines Tages fünf Minuten Zeit für die Stille finden, sind aber überrascht, wenn in dieser kurzen Zeit die notwendige Ruhe nicht einkehrt. Die nächste Übung macht etwas deutlicher, was in solchen kurzen Zeiten der Stille geschieht und bietet eine kleine erste Hilfe an, wie wir damit umgehen können.

Ich suche mir einen ruhigen Ort für die Stille, setze mich hin oder knie und nehme mir vor, still zu sein und sonst nichts zu tun, so wie in der ersten Übung des letzten

Kapitels. Ich kann das mit geschlossenen Augen machen, oder eine Kerze anzünden, auf die ich meinen Blick richte. Schon nach fünf Minuten höre ich auf und versuche mich daran zu erinnern, welche Gedanken mir in diesen Minuten durch den Kopf gegangen sind. Wenn ich zu jedem Gedanken oder Thema ein Stichwort aufschreibe, werde ich mich wahrscheinlich wundern, wo die Gedanken innerhalb kürzester Zeit überall hinfliegen können – zur nächsten Tasse Kaffee, zur gestrigen Fernsehsendung, zur Lohnsteuererklärung, zu einem Konflikt, der mich zurzeit beschäftigt, zur Situation in Afghanistan und noch vieles mehr.

Bevor ich anfange zu verzweifeln und mich zu fragen, ob sich Stille unter diesen Umständen überhaupt lohnt, starte ich einen zweiten Versuch, aber diesmal mit einem kleinen Unterschied: Jedesmal, wenn ich merke, dass ein Gedanke mich auf Reisen mitnehmen will, spreche ich innerlich den Satz: »Ich bin hier und denke gerade an das Fußballspiel heute Abend« oder »Ich bin hier und denke gerade an einen guten Freund«. Ich muss die »störenden« Gedanken nicht wegjagen, sondern lediglich der Versuchung widerstehen, mit ihnen mitzugehen. Nach einer Weile werde ich merken, dass ich die Stille anders erlebe als in den ersten fünf Minuten.

Nirgendwo in der Bibel wird die Länge und die Schwierigkeit der Reise in die Stille deutlicher dargestellt als in der Geschichte Elias im Alten Testament (1 Kön 18 und 19). Von Elia können wir lernen, dass es sich nicht nur um »ein bisschen Stille« handelt, die uns in unserem bisherigen Weg bestätigt; vielmehr wird die ganze Richtung unseres Lebens in Frage gestellt. Am Ende eines anstrengenden Tages befindet sich Elia nicht nur oben auf dem Berg Karmel, sondern er sieht sich gewiss auch am Gipfel seiner geistlichen Laufbahn. Er hat den König und die 450 Propheten Baals zu einem Wettstreit herausgefordert und sein Gott hat eindeutig unter Beweis gestellt, dass er der Lebendige ist. Auf dem ersten Blick erscheint er uns als mutiger Held, der absolutes Vertrauen zu seinem Gott hat; er erweckt den Eindruck, auf einer weit höheren Glaubensebene zu schweben als unserer eigenen – ein Charakter aus Sonntagsschulgeschichten, der nicht allzu viel mit unserer Welt zu tun hat. Aber wer die biblische Geschichte aufmerksamer liest, entdeckt durchaus menschlichere Züge, die auch heute überall (besonders in der männlichen Berufswelt!) wiederzufinden sind.

Elia ist ein Tatenmensch, der Mutproben und Herausforderungen liebt. Sein Motto – zumindest in dieser Phase seines Lebens – lautet: »Siehe, Elia ist da!« (1 Kön 18,11). Er denkt: »Es kommt alles auf mich an. Ich bin der einzige, der in der Lage ist, sich dieser Herausforderung zu stellen, aber ich werde es packen.« Ganz allein tritt er vor den Baalspropheten auf; ganz allein konfrontiert er den König mit der Wahrheit über sein Land. Obwohl er beansprucht, im Namen Gottes zu reden, spüren wir gleichzeitig sehr deutlich, wie er sich als starker Mann in einer starken Männerwelt behauptet. Unter anderem zeigt uns die Geschichte, wie dieses Selbstbild Elia daran hindert, auf das zu hören, was Gott ihm wirklich sagen möchte. Gott will seinem Propheten etwas mitteilen, aber Elia ist verschlossen. Erst am Ende des langen neunzehnten Kapitels, erst nach vielen Ereignissen, die ihn gründlich aufrütteln, ist der Prophet endlich fähig, die Stimme zu vernehmen, die ihn an der tiefsten Stelle seines Lebens trifft. Ich möchte diesen langen Weg Elias in vier Stationen schildern.

Der erste Schritt auf Elias langem Weg zur Stille beginnt überraschenderweise mit einem Brief von einer Frau. Wie begrenzt seine männliche Stärke in Wirklichkeit ist, zeigt seine panische Reaktion auf die Bedrohung von Königin Isebel: Vor 450 Männern hatte er keine Angst, aber ein Wort von ihr – und seine Welt bricht zusammen! Durch den anstrengenden Kampf gegen die falschen Propheten hat er sich völlig verausgabt und das ist wiederum die Konsequenz seiner Grundhaltung, dass alles auf ihn ankommt. Jetzt fühlt er sich schwach und verletzlich und fürchtet um sein Leben. Schon an dieser Stelle merken wir, wie modern seine Geschichte klingt, denn auch am Ende des 20. Jahrhunderts machen wir dieselbe Beobachtung: Wer sich aus einer falschen Lebenseinstellung mit allerlei Aktivitäten zudeckt, wird unter Stress leiden; er oder sie wird müde und an einer ganz unerwarteten Stelle verwundbar.

Wie bei vielen Männern, aber auch bei Frauen, scheint für Elia der beste Ausgleich für Stress die körperliche Aktivität zu sein. Zuerst läuft er vor dem Wagen Ahabs nach Jesreel, eine Entfernung von etwa 30 Kilometern. Dies scheint für Elia aber eher eine Aufwärmübung zu sein, denn von Jesreel aus läuft er weiter bis nach Beerscheba, eine Strecke von annähernd 200 Kilometern! Der dritte Vers von Kapitel 19 deutet sogar an, dass sein armer Diener alles mitmachen musste! Nach der großen Anstrengung fühlt sich Elia nicht nur körperlich, sondern auch seelisch erschöpft und wünscht sich nichts anderes, als zu sterben. Er ist alleine in die Wüste gegangen. Dort findet er weder eine Ablenkung noch eine neue Herausforderung, sondern nur Leere. Er ist äußerlich zur Ruhe gekommen, aber jetzt kommt seine innere

Unruhe zum Vorschein und er sagt: »Es ist genug, so nimm nun, Herr, meine Seele; ich bin nicht besser als meine Väter« (1 Kön 19,4). Schon in diesem Satz wird etwas von der wahren Motivation seines Wirkens deutlich. »Ich bin nicht besser als meine Väter. Natürlich habe ich mich für die Sache Gottes eingesetzt, aber ich wollte auch zeigen, dass ich es besser kann als die, die vor mir arbeiteten. Und jetzt bin ich am Ende meiner Kraft. Ich habe es nicht geschafft.« Wie Elia müssen auch wir oft bis an den Rand der Erschöpfung oder in eine tiefe Depression geraten, damit uns die Augen für die wirklichen Beweggründe unseres Handelns endlich aufgehen.

2. *Aus dem Kopf in den Körper*

Wenn wir feststellen, dass die Vielzahl an Terminen und Aufgaben in Stress ausartet, kommen wir schnell zu dem Entschluss: Wir müssen etwas für den Körper tun. Heute ziehen wir meistens im Vergleich zu Elia eine kürzere Joggingstrecke vor – aber die Intention ist ähnlich: Stress muss durch körperliche Anstrengung abgebaut werden. Eigentlich bräuchten wir Ruhe, aber weil der Kontrast zu unserem Arbeitsstil so stark wäre, treiben wir Sport. Das soll nicht heißen, dass jegliche Form sportlicher Betätigung schlecht sei; es geht mir vielmehr um eine Einstellung zum Körper, die sich hinter vielen sportlichen Aktivitäten verbirgt, die uns Schaden statt Erholung bringt. Anstatt den Worten von Teresa von Avila zu folgen: »Tu deinem Leib etwas Gutes, damit deine Seele Lust hat, darinnen zu wohnen«, foltern wir den Körper durch übermäßige Belastung. Die Folge, sowohl bei Elia als auch bei uns heute, ist Übermüdung und Kraftlosigkeit.

An dieser Stelle der biblischen Geschichte setzt Gott einiges in Bewegung, um Elia etwas mitzuteilen, was ihm schon längst klar sein müsste! Wir könnten vielleicht denken, dass Engel erst dann in der Bibel erscheinen, wenn es sich um wesentliche geistliche Botschaften handelt, auf die ein Mensch sonst nicht käme. Aber hier sendet Gott seinen himmlischen Boten, um eine irdische Selbstverständlichkeit zu unterstreichen. Eine Ursache der tiefen Depression Elias ist die Vernachlässigung des eigenen Körpers. Deswegen muss er jetzt unbedingt schlafen, essen und trinken. Weil er es selbst nicht begreift, werden ihm Brot und Wasser von einem Engel gereicht!

Elia ist also etwas zur Ruhe gekommen, er hat schon ein wenig Einsicht in sein falsches Denken gewonnen und sein Körper hat sich einigermaßen erholt. Aber seine Reise in die Stille vor Gott ist noch lange nicht zu Ende. Der Weg geht weiter und er wandert »vierzig Tage und Nächte«, bis er an einem Ort ankommt, an dem Gott schon früher mit seinen Menschen geredet hat – dem Berg Horeb.

3. Aus dem Reden zum Schweigen

Es ist schön, einen Ort aufsuchen zu können, wo wir Gott schon erlebt haben. Für die einen ist das vielleicht eine bestimmte Landschaft – der Wald, das Meer oder die Berge; für die anderen eine bestimmte Kirche oder ganz einfach ein Raum, in den sie sich für das Gespräch mit Gott zurückziehen. Besondere Orte können eine große Hilfe sein, um still zu werden. Sie sind aber keine Garantie, dass die Stimme Gottes hörbar wird. Elia ist am richtigen Ort, aber innerlich ist es bei ihm noch nicht angekommen, dass Gott mit ihm reden möchte. Zuerst vernimmt er nur die Frage: »Was machst du hier?« (1 Kön 19,9). In der Antwort Elias kann der Leser heute noch fast die Atemlosigkeit in der Stimme des Propheten spüren. Wie ein Kind, das von der Schule nach Hause kommt und in einem Atemzug alle Ereignisse des Schultages erzählen möchte, so sprudelt aus Elia das ganze Geschehen der letzten Zeit. Und in diesen Sätzen ist der alte Elia deutlich wiederzuerkennen: seine Leistung (»Ich habe geeifert«), seine Wichtigkeit (»Ich bin allein übriggeblieben«) und seine Angst (»Sie trachten nach meinem Leben«). Es ist gut, dass er so, wie er ist, vor Gott reden kann; alles, was ihn belastet und alles, was seine Person ausmacht, wird auf diese Weise bewusst oder unbewusst ausgedrückt.

Es ist gut, aber er ist trotzdem noch nicht da, wo Gott zu ihm reden kann. Für Elia scheint ein Gespräch mit Gott noch darin zu bestehen, dass Gott Elia zuhört. So sind viele Menschen heute zu guten Nachahmern Elias geworden. Ob in Gebetsgemeinschaften, Gottesdiensten oder in der persönlichen Andacht – wir nehmen uns vor, still zu werden, aber das, was folgt, ist manchmal ein Redeschwall, der Elia noch übertrifft! Sören Kierkegaard schrieb: »Ich meinte zuerst, Beten sei Reden. Ich lernte aber, daß Beten nicht bloß Schweigen ist, sondern Hören. So ist es: Beten heißt nicht sich selbst reden hören, beten heißt still werden und still sein und warten, bis der Betende Gott hört.«[5]

[5] Jörg Zink, *Wie wir beten können*, Stuttgart 1970, S. 20

Jedoch hängt die von Kierkegaard angesprochene Fähigkeit, auf Gott zu hören, sehr stark mit unserer Vorstellung zusammen, wie Gott überhaupt redet. Elia hatte ein bestimmtes Vorverständnis davon, wie eine Begegnung mit Gott aussieht. Obwohl dieses aus seinen eigenen Erfahrungen mit Gott stammte, sollte es nun trotzdem erheblich korrigiert werden. Bis zu diesem Zeitpunkt – wenn wir von den Berichten in 1 Kön 17 und 18 ausgehen – hat der Prophet Gott immer durch spektakuläre Wunder erlebt: sein Überleben in der Hungersnot, das sich vermehrende Mehl der Witwe, die Auferweckung ihres Sohnes vom Tod und die Ereignisse am Berg Karmel. Es ist menschlich nachvollziehbar, dass Elia das Reden Gottes mit ähnlichen Einwirkungen gleichsetzt. Sein Gott zeigt sich durch einen Sturmwind, durch ein Erdbeben oder durch ein Feuer. Er ist ein Gott der klaren Sprache, ein Gott, der mit der Faust auf den Tisch haut. Und wenn wir länger darüber nachdenken, merken wir: Elias Gott hat gewisse Ähnlichkeiten zu Elia selbst.

Wie sehen unsere Gottesbilder aus? Ein Gott, der durch unseren Verstand spricht, während wir in der Bibel lesen und darüber nachdenken? Ein Gott, der sich immer durch gewisse spektakuläre Phänomene zeigt, ein Gott der großen charismatischen Veranstaltungen? Ein Gott, der ähnliche Charakterzüge hat wie ich selber – vorsichtig abwägend oder spontan und entschlossen? Ein Gott der Westeuropäer, der ein geistliches i-Tüpfelchen auf unseren materiellen Wohlstand setzt? Wir können neben Elia am Berg Horeb stehen und mit ihm unsere einengenden Gottesbilder vorbeiziehen lassen. Es wird ein schmerzhafter Prozess sein, der Mut erfordert. Vielleicht werden wir sogar denken, dass wir dabei unseren Glauben verlieren. In der Situation könnten die Sätze Tolstois eine Hilfe sein: »Wenn dir der Gedanke kommt, dass alles, was du über Gott gedacht hast, verkehrt ist, und dass es keinen Gott gibt, so gerate darüber nicht in Bestürzung. Es geht vielen so. Glaube aber nicht, dass dein Unglaube daher rührt, dass es keinen Gott gibt. Wenn du nicht mehr an den Gott glauben kannst, an den du früher geglaubt hast, so rührt das daher, dass in deinem Glauben etwas verkehrt war, und du musst dich besser bemühen, zu begreifen, was du Gott nennst.«[6]

»Und nach dem Feuer kam ein stilles, sanftes Sausen. Als das Elia hörte, verhüllte er sein Antlitz mit seinem Mantel« (1 Kön 19,12-13). Die engen, persönlich geprägten Gottesvorstellungen werden gnadenlos gesprengt und Gott erscheint als der ganz Andere, der Gott der Überraschungen. Und wenn Elia das stille sanfte Sausen vernimmt, wissen wir, dass sich die lange Reise in die Stille gelohnt hat. Nun befindet er sich endlich in der Lage, auf das zu hören, was Gott ihm zu sagen hat: »Elia, du musst verstehen, dass doch nicht alles auf dich ankommt. Deine Arbeit ist getan, und jetzt möchte ich, dass du Elisa als deinen Nachfolger salbst. Und übrigens gibt es noch 7000 andere Menschen in diesem Land, die mir treu geblieben sind. Da hast du dir etwas eingebildet; aber geh jetzt zurück ins Leben und erfülle deinen Teil dessen, was ich mit diesem Volk vorhabe.« Der Weg in die Stille führt also nicht zur Abkapselung von der Welt; die Stille läutert Elia und führt ihn ins Leben zurück. Wenn wir es zulassen, können auch wir uns auf den Weg in die Stille mitnehmen lassen – er wird aber länger dauern und weiter führen, als wir denken.

---

[6] *Loccumer Brevier*, hrsg. vom Loccumer Arbeitskreis für Meditation, München 1993, S. 262

Ich fange an, ein Tagebuch zu führen. Das Aufschreiben von Gedanken, Gefühlen und Erfahrungen kann mir helfen, die Reise in die Stille bewusster zu erleben. Ich kaufe mir ein Heft, das ich mein Tagebuch nenne. Ich mache kein Gesetz daraus, dass ich jeden Tag darin schreiben muss, denn es soll eine Freude und keine Pflicht sein. Und ich muss kein hohes literarisches Niveau anstreben, sondern einfach und ehrlich das aufschreiben, was mir auf dem Weg durch die Stille passiert.

Mit meinem Tagebuch stelle ich mir die Frage – vielleicht am Anfang oder am Ende eines Tages –, wie es mir geht. Wo stehe ich jetzt in meinem Leben – in meiner Beziehung zu Gott, zu meinem Partner, zu anderen Menschen und vor allem zu mir selber? Meinem Tagebuch gegenüber kann ich ganz offen sein und Dinge ausdrücken, die ich sonst niemandem anvertrauen würde. Das Tagebuch ermutigt mich, Gefühle präziser zu beschreiben, die sonst nur halbbewusst wahrgenommen werden. Durch das Tagebuch kann ich mich sogar fragen, ob ich überhaupt in letzter Zeit etwas wirklich »gefühlt« habe. Gelegentlich kann ich die Seiten meines Buchs durchblättern. So wird meine Entwicklung in den letzten Monaten etwas deutlicher werden als sonst. Wo bin ich weitergekommen und wo stehengeblieben?

Kapitel 3

Stille und die Suche nach Spiritualität

Prüft aber alles, und das Gute behaltet.

1 Thess 5,21

In den letzten Jahren ist in unserer Gesellschaft ein Interesse für Dimensionen des Lebens gewachsen, die vorher nicht nur vernachlässigt, sondern von vielen als nicht existent abgelehnt wurden. Wörter wie Seele, Spiritualität oder Gebet, die sonst nur aus den Lippen einer religiös geneigten Minderheit zu hören waren, liegen plötzlich im Trend. Woche für Woche erscheinen neue Bücher über das »innere Leben«. Klassiker der Kontemplation aus verschiedenen Religionen und Kulturen werden wiederentdeckt, und die Schriften von Hildegard von Bingen, Lao Tse oder Ignaz von Loyola neu angeboten, um den Weg nach innen zu erforschen. In Volkshochschulen sowie in kirchlichen und staatlichen Begegnungsstätten, wo früher vorwiegend sozialpolitische Themen behandelt wurden, kann man eine Vielfalt von Kursen besuchen, die helfen sollen, den Zugang zur Seele zu finden.

Durch Meditation, Reiki, Tai Chi und vieles mehr wird vor dem Hintergrund der zunehmenden Geschwindigkeit des modernen Lebens nach Gesundheit für Körper und Seele gesucht.

Vielfalt kann verwirren. Die Menge der Angebote überwältigt und die Unterschiedlichkeit der Inhalte verunsichert: Wie soll ich damit umgehen? Welche Einsichten und Methoden sind hilfreich und zuverlässig? Oder ist die gesamte Entwicklung eher der Richtung »New Age« oder »Esoterik« zuzuschreiben und deswegen als unwissenschaftlich zu vermeiden oder als unchristlich abzulehnen? Und wenn heute auch von christlichen Verlagen mehr Bücher über Stille oder Meditation erscheinen, als es vor fünfzehn Jahren der Fall war, kann die Verwirrung unter Umständen noch größer werden. Die Frage liegt nah, ob die Beschäftigung mit dem inneren Weg nicht lediglich ein vorübergehender Trend ist, dem sich Christen etwas verspätet angeschlossen haben. Außerdem könnte mancher Leser auf die Fragen stoßen: Wie unterscheiden sich die Übungen für die Stille, die in diesem Buch enthalten sind, von den vielen Tipps für Körper und Geist, die aus dem esoterischen Bereich kommen? Gibt es eine spezifisch christliche Spiritualität und wenn ja, welche Eigenschaften würden sie ausmachen?

In einem kurzen Kapitel werde ich solche Fragen nicht gebührend beantworten können; hier möchte ich lediglich ein paar Orientierungshilfen anbieten, damit der Weg zur Stille in den nachfolgenden Kapiteln nicht durch nagende Zweifel oder unbeantwortete Fragen aufgehalten wird. Wer eine solche Orientierung für sich nicht für nötig hält und ungeduldig auf eine weitere praktische Beschäftigung mit der Stille wartet, kann natürlich die nächsten Seiten überspringen und gleich mit dem zweiten Abschnitt des Buchs beginnen. Die Anzahl der Methoden, die uns Gesundheit für Leib und Seele versprechen, wird immer unübersichtlicher und ich will nicht versuchen, die ganze Palette dieser Angebote zur Lebenshilfe unter die Lupe zu nehmen, um darüber ein Urteil zu fällen, ob sie gut oder schlecht sind. Das wäre nicht nur wegen der Vielfalt ein schwieriges Unterfangen, denn hier klaffen die Meinungen weit auseinander. Es ist vielmehr meine Absicht, dem Leser oder der Leserin zu helfen, über den eigenen Umgang mit solchen »spirituellen Angeboten« – ob aus dem christlichen oder esoterischen Bereich – nachzudenken. Ich werde deswegen fünf Fragen als Kriterien vorschlagen, womit wir unsere Erwartungen und Einstellungen überprüfen können. Letztendlich werden unsere Antworten auf diese Fragen uns helfen, besser zu verstehen, was eine christliche Spiritualität ausmacht.

1) »Fast Food« oder der schwere, schmale Weg?

In einer »Fast-Food«-Kultur, in der es inzwischen an fast jeder Straßenecke die Möglichkeit gibt, sofort ein warmes Essen zu bekommen, das man im Stehen schnell verzehren kann, ist es kein Wunder, dass inzwischen auch »Fast Food« für die Seele angeboten wird. Hier muss man nicht lange warten und die seelische Nahrung kann so eingenommen werden, dass der normale Lebensablauf kaum oder gar nicht unterbrochen werden muss! Immer wieder werden neue und alte Techniken für Körper und Seele angeboten, die uns schnell zum Ziel der inneren und äußeren Gesundheit führen wollen: Eine neue Art der Meditation soll uns seelische Harmonie verschaffen; das tägliche Üben der sogenannten »fünf Tibeter« (yogaähnliche Körperübungen) kostet nur eine Viertelstunde Zeit und verspricht Leben und Vitalität bis ins hohe

Alter. Eine andere Methode empfiehlt Meridian-Energie-Techniken, um die innere Unordnung »wegzuklopfen« und sich selbst zu heilen.

Damit möchte ich keineswegs behaupten, dass alle Aspekte dieser Praktiken grundsätzlich schlecht oder verwerflich sind, denn viele Menschen haben offensichtlich davon profitiert. Einen Imbiss in relativer kurzer Zeit einzunehmen, ist an sich auch nicht ungesund. Ungesund ist der Lebensstil, der dahinter steckt, der mir nicht genügend Zeit lässt, eine solche Fast-Food-Mahlzeit zu verdauen. Noch gefährlicher wird es, wenn ich mir einbilde, ich könnte mich nur noch durch »Fast Food« ernähren.

Ob zum Beispiel die M.E.T. Klopfmethode gut ist oder nicht, kann jeder mit Hilfe wissenschaftlicher Erkenntnisse oder eigener Erfahrungen kritisch prüfen. Aber wenn ich zu dieser Methode greife, weil ich eine schnelle Antwort auf die Probleme meines Lebens suche, befinde ich mich in der Gefahr, in die Sucht nach seelischer Schnellnahrung zu verfallen.

2) Flucht oder Konfrontation?

Ein Mensch, der zu »Fast Food« greift, möchte nicht so viel Geld oder Zeit investieren, um sich gesünder zu ernähren. Bei der Suche nach Spiritualität und innerer Heilung gilt meistens derselbe Maßstab: Was schnell und billig ist, kann kaum gesund sein. Die Tendenz, nach schnellen Lösungen zu suchen, ist auch dort sehr stark, wo es um die zentralen Fragen des Lebens geht. Anstatt meine Probleme an den Wurzeln zu packen, bekomme ich durch eine »geistliche Schnelllösung« eine weitere Gelegenheit, der Konfrontation mit den eigentlichen Fragen meines Lebens auszuweichen. Einen Reikikurs zu besuchen ist sicherlich nicht günstig. Obwohl es Ausnahmen gibt, müssen die meisten Kurse teuer bezahlt werden. Hier kann der Teilnehmer die Fähigkeit vermittelt bekommen, sich und anderen durch Berührung mit den Händen Energie zu geben. Das Interesse an Reiki nimmt zu und viele berichten, dass sie dadurch eine Wärme verspüren, die ihnen Ruhe und Kraft spendet. Zu untersuchen, ob das wissenschaftlich nachvollziehbar oder theologisch vertretbar sei, ist nicht meine Aufgabe. Ich frage vielmehr: Wie wird damit umgegangen? Wenn man körperliche Beschwerden nur mit schmerzlindernden Tabletten beseitigen will, übersieht man die eigentliche Ursache der Schmerzen und so kommt es nie zu einer richtigen Behandlung. Mit der Seele verhält es sich nicht anders. Wenn ich wegen Identitätsproblemen zu Sucht oder Depression neige, wird mir ein Schub an seelischer Energie nur vorübergehend helfen können.

Wir haben es hier nicht in erster Linie mit einem Problem der Esoterik zu tun, sondern mit unseren eigenen Erwartungen und verborgenen Absichten. Aus diesem Grund sollten wir den Umgang mit Phänomenen und Angeboten aus dem christlichen Bereich mit genau denselben Fragen kritisch überprüfen. Ich denke zum Beispiel an das sogenannte »Lachen oder Ruhen im Geist«, das in manchen sogenannten charismatischen Gruppen eine Zeit lang im Vordergrund stand, an manche christliche Meditationsmethode, die eine tiefe seelische Ruhe verspricht oder an das tägliche Sprechen des »Jabez-Gebets«, das materiellen Erfolg garantieren soll. Auch Christen geben oft nicht wenig Geld aus oder nehmen eine längere Reise auf sich, um an einer Erfahrung teilzuhaben, die sie auf schnellem Wege aus den Problemen ihres Alltags retten soll. Auch an dieser Stelle geht es mir nicht nur um die Echtheit des Erlebten, sondern darum, wie wir damit umgehen. Menschen, die nach Handauflegung oder während eines Meditationskurses ein überwältigendes Gefühl der Ruhe oder des Glücks erleben, sehen sich am nächsten Tag mit denselben Schwierigkeiten am Arbeitsplatz oder in der Familie konfrontiert wie vorher. Eine echte Auseinandersetzung mit den tiefsten Fragen meines Lebens muss kein Geld kosten, aber sie erfordert einen hohen Preis an Zeit und den Mut, mich den wirklichen Problemen zu stellen. Wie wir in den folgenden Kapiteln sehen werden: Wenn ich mich in die Stille begebe, besteht die Gefahr der Oberflächlichkeit nicht; der einzige Fluchtweg ist der Weg zurück!

3) Schmerz verdrängen oder Leiden annehmen?

Mehrmals sind mir in letzter Zeit Bücher in die Hände gekommen, die den Eindruck erwecken, dass ein Leben ohne Leiden erreichbar wäre (vorausgesetzt, dass man den Anweisungen im Buch genau folgt). Wenn ich Zeiten der Stille oder Meditation einplane, mich regelmäßig von der Hektik des Alltags zurückziehe und entweder die Vaterliebe Gottes oder die kosmische Energie in Körper, Geist und Seele wirken lasse, komme ich – so behaupten zumindest die Verfasser – zu einem ganzheitlichen, harmonischen Leben, in dem alles aus einer inneren Ruhe geschieht. Dadurch stelle ich fest, wie die einseitige Darstellung des Lebens in der Werbung – in der es fast nur noch junge, schöne und gesunde Menschen gibt – sich auch in der Welt der Spiritualität und Esoterik durchsetzen will. Leiden, zwischenmenschliche Konflikte, Behinderung und Not gehören entweder gar nicht zu dieser

Welt, oder sie sind nur dazu da, um schnellstens durch die richtigen Methoden beseitigt zu werden. Hier geht es auch vorwiegend um das Schöne, Gesunde.

Dabei wissen wir aus dem eigenen Leben oder aus den Erfahrungen anderer Menschen, dass Leiden einen festen, nicht wegzudenkenden Bestandteil unserer Wirklichkeit ausmacht. Auch Meister der Meditation werden von Ehekonflikten nicht verschont; auch fortgeschrittene Yoga-Lehrerinnen und christliche Heiler können an Krebs erkranken! So wird eine Kluft zwischen Anspruch und Wirklichkeit deutlich, die zumindest eine gewisse gesunde Skepsis verdient. Ob es in den Büchern um Stille oder um ganz andere Tipps für ein vertieftes Leben geht – auf jeden Fall muss ich meine Erwartungen prüfen. Wenn ich mir eine Überwindung von innerer oder äußerer Krankheit oder die Beseitigung bestimmter Probleme erhoffe, ist die Enttäuschung schon vorprogrammiert. Nach der Enttäuschung werde ich entweder sofort nach einer neuen »leidensfreien Lösung« suchen, oder ich werde daraus lernen und beim nächsten Mal nicht die Entfernung des Problems, sondern eine praktische, nüchterne Hilfe bei seiner Verarbeitung erwarten.

4) Mein eigenes Wohl oder die Not anderer Menschen?

Heute sehnen sich immer mehr Menschen nach einer Vertiefung des inneren Lebens. Materiell geht es uns trotz Wirtschaftskrise und Kürzungen im sozialen Bereich nach wie vor sehr gut, aber das reicht uns nicht, denn wir wollen weitere, tiefere Schichten unseres Seins entdecken und genießen. Dabei wird die Not der Welt häufig ausgeklammert. Es ist dann nicht mehr so wichtig, gegen

Ungerechtigkeit in unserem Land oder in der sogenannten Dritten Welt zu kämpfen – die Entdeckung der eigenen Ganzheitlichkeit geht vor. So kann zum Beispiel ein skrupelloser Immobilienmakler tagsüber seine Kunden mit Halbwahrheiten belügen und abends ohne schlechtes Gewissen einen Kurs besuchen, um seine innere Spiritualität zu erforschen! Ein anderer kann sonntags im Gottesdienst auf Wellen der Anbetung schweben, aber für einen Workshop über soziale oder politische Fragen ist er kaum zu gewinnen.

Auch wenn es stimmt, dass vor allem in den 60er und 70er Jahren viele das Engagement für politische Veränderung auf Kosten der inneren Entwicklung betont haben: Warum müssen wir jetzt auf der anderen Seite vom Pferd fallen? Es ist einfach nicht nötig von einem Extrem ins andere zu gehen, aber um dies zu vermeiden, muss ich mir wieder einige Fragen stellen: Will ich mit meiner Vorliebe für Spiritualität oder persönliche Frömmigkeit die Ungleichheit in der Verteilung des Reichtums und damit der Chancen für ein erfüllteres Leben aus meinem Bewusstsein verdrängen? Ist es nicht schlimm genug, dass ich so viel mehr besitze als ein Mensch mit vergleichbarem Status in einem afrikanischen Entwicklungsland? Weil Menschen dort um das Überleben kämpfen müssen, finden sie natürlich wenig Zeit, um sich auf innere Werte zu besinnen. Mir ist oft aufgefallen, wie viele neue Bücher über den Weg zum Glück von Autorinnen oder Autoren geschrieben werden, die in Kalifornien leben! Muss man in San Francisco oder Los Angeles leben, frage ich mich, um wirklich glücklich zu sein? Gibt es kein Buch über Glück von jemandem aus Bagdad oder Bangladesch (meinetwegen auch aus Bottrop oder Bielefeld)? Was würden solche Autoren empfehlen, um glücklich zu sein?

Letztendlich geht es um die Frage: Was will ich, wenn ich mich mit der Stille beschäftige? Mich nach und nach vom Engagement für andere Menschen und aus der Verantwortung für meine Umwelt zurückziehen, um mich immer mehr der Kontemplation zu widmen? Viele, die über dieses Thema geschrieben haben, betonen immer wieder: Richtig verstandene Stille führt uns nicht aus der Welt heraus, sondern – wie Elia – mit neuer Kraft wieder in die Welt hinein.

5) Methode oder Gnade?

Der Kern des christlichen Evangeliums besteht darin, dass uns etwas geschenkt wird, das wir uns selber nicht erarbeiten können. Auch Menschen, die sich mit der Bezeichnung »Christ« schwertun würden, aber dafür das Leben intensiv beobachtet haben, kommen oft zu einem ähnlichen Ergebnis: Augenblicke, in denen wir plötzlich hinter den Vorhang des irdischen Daseins blicken dürfen, um eine unerklärliche Freude oder einen unbeschreibbaren Frieden zu spüren, kommen immer als Überraschung, als unerwartetes Geschenk. Christen nennen es Gnade.

Aber wenn wir sowieso auf Gnade angewiesen sind, wozu brauchen wir Methoden der Spiritualität? Steht nicht geistliche Disziplin sogar im Gegensatz zum Evangelium der Gnade? Aus der Überzeugung, dass Gnade und Methode in Widerspruch zueinander stehen, haben viele Christen die Auseinandersetzung mit spirituellen Disziplinen tunlichst gemieden, um sich »von Gott beschenken zu lassen«. Weil diese Einstellung in der Vergangenheit sehr schnell zu einer bequemen Passivität geführt hat und die erwünschten inneren Fortschritte ausgeblieben sind, kommen heute viele wieder zu der Erkenntnis, dass Methoden auch im christlichen Glauben einen Platz haben. Schließlich sind sowohl das Alte als auch das Neue Testament voller Hinweise, wie ein christliches Leben – in spiritueller wie auch in ethischer Gestalt – geführt werden kann. Die Zusammengehörigkeit von Gnade und Methode kann meiner Meinung nach am besten durch Bilder verdeutlicht werden. Am Anfang dieses Buches habe ich sie mit einer Querflöte verglichen, die man als Geschenk bekommt, aber tägliche Übung braucht, bevor man sie einigermaßen beherrschen kann. In seinem Buch »Nachfolge feiern« benutzt Richard Foster einen Vergleich aus dem landwirtschaftlichen Bereich: »Ein Bauer ist niemals in der Lage, das Getreide wachsen zu lassen, er kann lediglich den Boden dafür vorbereiten und den Samen in die Erde legen. Alles weitere übernimmt die Natur. So geht es auch mit geistlichen Übungen; durch sie wird der Boden für das Wirken des Heiligen Geistes vorbereitet... Sie sind ein Weg, auf dem Gott seine Gnade wirken lassen kann.«[7]

Mit Methoden allein werden wir nie etwas im Bereich unseres inneren Lebens erreichen. Wie Jesus selber sagte: Man kann nicht mit Gewalt in das Reich Gottes hineindringen (vgl. Luk 16,16). Techniken des Gebetes oder der Meditation, die sich nur auf das Erlernbare beschränken, ob sie einer christlichen oder einer anderen Tradition entstammen, bewirken schließlich nur Frustration. Aber wenn Übungen und Disziplin uns helfen können, das Geschenk der Gegenwart Gottes besser wahrzunehmen, warum sollen wir sie nicht in Anspruch nehmen?

---

[7] Richard Foster, *Machtfolge feiern,* Wuppertal und Kassel 1982

Bei allen fünf Fragestellungen liegt die Verantwortung bei uns, die eigenen Erwartungen und Einstellungen zu hinterfragen. Sicherlich gibt es heutzutage etliche Angebote auf dem Markt der Spiritualität, die offensichtlich unseriös sind oder eindeutig im Widerspruch zu dem stehen, wovon wir innerlich überzeugt sind. Aber viele Angebote sind eher neutral in dem Sinne, dass sie in sich keine Gefahr bergen; es kommt nur darauf an, wie wir damit umgehen. Die Verfasser des Neuen Testaments haben verstanden, dass sie mit ihren Lesern und Zeitgenossen durch eine gemeinsame Kultur verbunden sind. Sie haben die Gedanken und Strömungen aus ihrer Umwelt weder in ihrer Ganzheit verworfen noch übernommen, sondern sie haben das getan, was von Paulus mit den Worten zusammengefasst wird »damit ihr prüfen könnt, was Gottes Wille ist« (Röm 12,2). Prüfen heißt, differenzieren zu können: Widerspricht diese Methode oder Idee dem, was ich bisher aus eigener Erfahrung, aus der Erfahrung anderer Christen oder aus meinem Verständnis der Bibel als Wahrheit geglaubt habe, oder könnte sie dieses Verständnis erweitern oder vertiefen? So nimmt sich Paulus selber auf dem Areopag die Freiheit, griechische Dichter zu zitieren (Apg 17,28). Nach einer solchen Prüfung kann zum Beispiel der Verfasser des Johannesevangeliums einige Elemente der griechischen Logosphilosophie aufgreifen, um die Inhalte des christlichen Glaubens deutlicher zu erklären.

Wenn wir die Fragen in diesem Kapitel verinnerlicht haben, werden wir uns die Freiheit leisten können, uns der Impulse aus verschiedenen Traditionen zu bedienen, wie der Jünger des Himmelreichs, der »wie ein Hausvater ist, der aus seinem Schatz Neues und Altes hervorholt« (Mt 13,52).

II. Sich auf die Stille einlassen

Kapitel 4

Stille als Sammlung

Still zu werden ist nicht schwer,
still zu sein dagegen sehr.

Jeder von uns hat sie bestimmt schon einmal gesehen – vielleicht auf dem Flohmarkt oder als kitschiges Adventsgeschenk: eine mit Wasser gefüllte Kugel aus Kunststoff oder Glas; mitten drin steht ein kleiner Schneemann oder Tannenbaum aus Plastik und wenn man das Ganze kräftig schüttelt, fängt es an zu »schneien«. Nach kurzer Zeit sind die künstlichen Schneeflocken alle nach unten gesunken und das Wasser ist wieder klar. Wenn ich mich zurückziehe und versuche, innerlich still zu werden, sieht es in meinem Kopf nicht viel anders aus als bei dem geschüttelten »Schneeglas«. Der einzige Unterschied besteht darin, dass die vielen Gedanken, die im Kopf herum kreisen, nicht so schnell nach unten sinken wie die Schneeflocken! Und es ist genau diese Erfahrung, die viele Menschen von der Stille abhält. Sie haben es – wie bei der Übung im vorletzten Kapitel – vielleicht einmal mit der Stille versucht und schnell festgestellt, dass sie überhaupt nicht zur Ruhe gekommen sind. So wurden sie in ihrer Meinung bestätigt, dass Stille sowieso nur etwas für eine kleine privilegierte Elite sei und sie haben es nicht weiter probiert.

Der Weg zur inneren Stille steht jedem von uns offen, aber er muss erst gefunden werden. Keiner verfügt über einen eingebauten Schalter, der mit einer Handbewegung betätigt wird und im Nu die ersehnte Ruhe herbeiführt. Ganz im Gegenteil. Es ist wie bei der Schlaflosigkeit: Je mehr ich mir sage, dass ich jetzt endlich schlafen muss, desto schlechter sind die Chancen, dass ich es tatsächlich schaffe. Wer mit Gewalt versucht, die Schneeflocken im Glas nach unten zu zwingen, bringt sie natürlich nur noch mehr in Bewegung. Und wer die Stille erzwingen will, wird entdecken, dass er sie eher verscheucht. Was kann ich dann tun, um der Unruhe in meinem Kopf Herr zu werden? Die nächste Übung kann uns helfen, den aussichtslosen Kampf gegen die ablenkenden Gedanken aufzugeben, um die Stille etwas entspannter zu erleben.

Ich nehme mir 10 bis 15 Minuten Zeit für die Stille, mache die Augen zu oder schaue auf eine Kerze. Jedes Mal wenn mir ein Gedanke durch den Kopf schießt oder ich anfange, mich mit einem Thema zu beschäftigen, mache ich mir bewusst, dass dieses völlig normal ist und ich mich darüber nicht ärgern muss. Stattdessen sage ich zu jedem Gedanken »Hallo« und lasse ihn vorbeiziehen. Wenn der nächste Gedanke auftaucht, verfahre ich genauso.

Wenn es mir schwer fällt, die Themen loszulassen, stelle ich mir vor, ich sitze am Ufer eines langsam fließenden Flusses. Kleine leere Boote oder Kähne gleiten mit dem Strom an mir vorbei, während ich dort sitze. Wenn ein neues Thema in meinem Kopf erscheint, lege ich es freundlich in ein kleines Boot und schaue zu, wie es weiterfährt. Anstatt mich über die unterschiedlichen Gedanken aufzuregen, schaue ich mit Neugierde hin, was als Nächstes auftauchen könnte und sage erneut »Hallo« oder »Aha«. Auch wenn derselbe Gedanke drei- oder viermal kommt, ändere ich nichts an der Übung, sondern lege ihn geduldig in ein neues Boot hinein.

Am Ende dieser Zeit der Stille merke ich mir, welche Art von Gedanken oder Gefühle in den letzten Minuten gekommen sind und mache mir bewusst: Wenn ich nicht gegen sie kämpfe, sondern sie eher freundlich betrachte, werde ich offen dafür, dass mir diese Themen etwas über mein Leben vermitteln könnten.

Warum ist meine Seele so unruhig in mir ...?

So fragt sich der Verfasser des 42. Psalms und für uns kann es auch hilfreich sein, zuerst etwas über die Ursachen der Unruhe nachzudenken. Wie läuft ein normaler Tag bei mir ab? Vielleicht bin ich früh aufgestanden, um das Frühstück für die Kinder vorzubereiten, damit sie rechtzeitig zur Schule kommen. Nachher musste ich selbst zur Arbeit, in der ich sofort von dringenden Aufgaben in Anspruch genommen wurde. Nach Hause zurückgekehrt, musste ich mich wieder mit den Kindern beschäftigen und dann mit dem Wagen losfahren, um für die Woche einzukaufen. Abends war ich zwar ziemlich müde, aber da ich beim letzten Elternabend fehlte, musste ich diesmal unbedingt hin. Um 23 Uhr sitze ich auf meinem Bett und frage mich: Wo war ich heute? Ich war zwar sehr beschäftigt, aber habe ich heute Dinge in Bewegung gebracht – oder bin ich nicht vielmehr selbst bewegt worden? Warum kommt das Wort »müssen« bei meiner Schilderung so oft vor? Habe ich von einer Mitte aus gelebt oder bin ich doch eher vom Leben »geschüttelt« worden?

Im Alten Testament vergleicht der Prophet Hesekiel das Volk Israel mit einer Schafherde, die nicht beisammengeblieben ist (Hes 34,1-31). Die einzelnen Schafe haben sich verirrt und sind überall versprengt. Das Bild können wir auch für unseren typischen Tagesablauf verwenden. Unser Leben, das »beisammen« sein sollte, wird in zahlreiche Kleinbereiche versprengt und jeder Bereich erhebt Anspruch auf unsere Zeit und Kraft – die Kinder, der Ehepartner, die Arbeit, die Gemeinde, die Ausbildung, die Sorgen um das Haus und die Finanzen, die Freizeitbeschäftigungen, die Spaß bringen sollten, aber immer öfter eine zusätzliche Belastung bedeuten. Anstatt von einer Mitte aus zu agieren und bewusst die Richtung unseres Alltags zu bestimmen, merken wir immer mehr, dass wir nur auf Situationen und Anforderungen reagieren können. Wie die Schafherde werden wir nach und nach auseinandergezogen, und die Unruhe im Kopf, wenn wir uns endlich ein paar Minuten Pause gönnen, ist nur eine Widerspiegelung dieses Zustandes. So wie wir den Tag nicht immer steuern konnten, genauso schwer fällt es uns, die eigenen Gedanken zusammenzuhalten. Wir fühlen uns ihnen ausgeliefert – zerstreut und zerschüttelt.

Wenn ich mich bei einer solchen Schilderung in meinem Alltag mindestens teilweise wiederfinde – wie wohltuend sind dann die Worte, die Hesekiel von Gott weitergibt: »Wie ein Hirte seine Schafe sucht, wenn sie von seiner Herde verirrt sind, so will ich meine Schafe suchen und will sie erretten von allen Orten, wohin sie zerstreut waren zur Zeit, als es trüb und finster war. Ich will sie aus allen Völkern herausführen und aus allen Ländern sammeln ...« (Hes 34,12-13). Es ist interessant, dass die deutsche Sprache das Wort »sammeln« sowohl für die Schafe als auch für die Welt der Gedanken verwendet:

Wir reden von »sich sammeln« oder von »innerer Sammlung« und meinen damit, dass ein Mensch seine Gedanken und Gefühle ordnet und innerlich zur Ruhe findet. Viele Christen aus Vergangenheit und Gegenwart, die sich intensiv mit dem Beten beschäftigt haben, betonen die »Sammlung« als eine unumgängliche Vorbereitung für das Gebet.

Woher nehme ich mir die Zeit?

Sich zu sammeln erfordert Zeit, und so stellt sich zuallererst die Frage, woher ich mir diese Zeit nehme. Wie soll heutzutage zum Beispiel eine Lehrerin Zeit für innere Sammlung finden, wenn der Tag mit Unterricht, Vor- und Nachbereitung der Stunden, Gesprächen mit Eltern und vielem mehr gefüllt ist? Und wenn sie auch noch Familie hat? Wie ist es für eine Hausfrau, die den ganzen Tag von morgens früh bis abends spät mit den Kindern beschäftigt ist? Oder für Ärzte und Krankenschwestern, die oft sehr lange Schichten arbeiten müssen und vor Erschöpfung nur noch ins Bett fallen können? Und Studenten, die zusätzlich zu den Anforderungen des Studiums auch noch jobben müssen, um das Ganze zu finanzieren? Ist die Stille nicht ein Luxus, den wir uns kaum noch leisten können?

Wenn ich mich sammeln will, brauche ich mehr als ein paar Minuten, und es ist heute wirklich schwer, dafür Zeit zu finden. Aber es ist möglich und zwar für jeden. Dabei sind zwei Überlegungen besonders zu bedenken. Erstens ist es entscheidend, ob ich die Notwendigkeit der Sammlung und der Stille erkenne. Wenn ich mir sage, dass das alles zwar sehr schön klingt, ich aber eigentlich auch ohne die Stille leben kann, werde ich dafür nie Zeit finden. Wenn ich sie als ziemlich wichtig einstufe, aber doch nicht als so erforderlich wie den Schlaf oder die Notwendigkeit, Geld zu verdienen, dann werden die anderen Notwendigkeiten immer den Vorrang haben. Mit anderen Worten: Ob ich Zeit für die Stille finde, hängt von einer grundsätzlichen Entscheidung in meinem Leben ab. Wenn ich die Stille wirklich will, werde ich auch Zeit dafür finden, egal in welcher Lebenssituation ich bin.

Zweitens darf oder sollte ich mir am Anfang die Latte nicht zu hoch legen. Auch wenn ich oft gehört habe, dass Luther drei Stunden pro Tag gebetet haben soll, darf ich nicht aus deutscher Gründlichkeit zu dem Schluss gelangen, dass ich genauso viel beten muss! Für Eltern mit kleinen Kindern und Menschen in bestimmten Berufen ist es schlicht und einfach oft unmöglich, eine Viertelstunde pro Tag zu finden. Wenn wir Enttäuschung und Frustration vermeiden wollen, müssen wir realistisch bleiben und klein anfangen. Ich kann versuchen, mit fünf oder zehn Minuten pro Tag zu beginnen. Ob der Anfang, die Mitte oder das Ende des Tages am besten dafür geeignet ist, wird von Person zu Person unterschiedlich sein. Die Entscheidung darüber darf nicht zu einer Last werden. Ohne mich für den Rest meines Lebens festlegen zu müssen, suche ich mir heute ein paar Minuten aus, in denen ich mich zurückziehen kann. Ich darf diese Minuten nicht als Pflicht, sondern als eine Zeit für mich verstehen. Ich brauche mir nichts vorzunehmen, nur einfach da zu sein und still zu werden. So können diese Minuten bald zu einer schönen Gewohnheit werden, auf die ich nicht mehr verzichten möchte.

Wenn der Tagesablauf es nicht zulässt, dass ich eine tägliche Zeit für die Stille finde, kann ich statt dessen einmal in der Woche oder am Anfang einmal im Monat eine längere Zeit dafür reservieren. Wer Kinder hat, kann sich mit dem Ehepartner absprechen oder Freunde bzw. Verwandte bitten, sie für ein paar Stunden zu betreuen. Dann ist es allerdings gut, wenn ich diese kostbare Zeit nicht zu Hause verbringe, sondern entweder einen langen Spaziergang mache oder bei ungemütlichem Wetter einen Platz finde, wo ich ungestört bleiben kann, z.B. in einer Kirche, bei Freunden – die Not macht erfinderisch! Es wird entscheidend sein, eine solche Zeit für die Stille als einen Termin zu betrachten, der hohe Priorität hat. Das bedeutet, dass ich diese Zeit – wie andere Termine auch rechtzeitig in meinem Kalender eintrage. Ist sie etwa weniger bedeutungsvoll als der Arztbesuch, ein Treffen in der Gemeinde oder im Verein – oder als die Überstunden, die ich bei der Arbeit leiste? Mit Selbstverständlichkeit nehme ich solche Verpflichtungen wahr, aber wenn es um einen Termin für mein Innenleben geht, werde ich plötzlich knauserig und frage mich, ob ich mir die Zeit leisten kann! Aber gerade hier muss ich mich gegen diejenigen Dinge durchsetzen, die mein Leben zerstreuen wollen. Am Anfang wird es große Kraft erfordern, mir zu sagen (und manchmal hilft es, die Worte laut zu sagen oder aufzuschreiben): Ich will diese Zeit für mich einplanen und dafür sorgen, dass ich sie auch bekomme! Wenn es mir gelingt und ich nach einem Jahr auf die vergangenen Monate zurückblicke, werden mir solche Stunden als die sinnvollsten und kostbarsten vorkommen.

In seinem Buch »Vorschule des Betens« schreibt Romano Guardini: »Von der Sammlung hängt alles ab. Keine Mühe, die darauf verwendet wird, ist vertan. Und wenn selbst die ganze Gebetszeit damit hinginge, sie zu suchen, wäre sie gut verwendet, denn im Grunde ist die Sammlung ja in sich schon Gebet. Ja, in Zeiten der

Unruhe und der Krankheit oder großer Ermüdung kann es manchmal gut sein, sich überhaupt mit diesem ›Gebet der Sammlung‹ zu begnügen. Es wird beruhigen, stärken und helfen.«[8] Jetzt können wir uns wieder unserer Anfangsfrage zuwenden. Auch wenn ich weiß, wo meine Zerstreutheit herkommt, und auch wenn ich es schaffe, Zeit für die Stille zu finden, wird mir die ständige Erfahrung der Unruhe im Kopf sofort jede Freude an der Stille nehmen. Wie entsteht eine innere Ruhe, wie komme ich von der Zerstreuung zur Sammlung? Drei Hinweise werden uns die Richtung zeigen, bevor wir das Kapitel mit einer weiteren Übung beenden.

Zu viele Worte

Zuerst eine Erinnerung an diejenigen von uns, die Stille mit gesprochenen Gebeten verwechseln. Gebet, ob laut gesprochen oder nur im Kopf formuliert, führt selten zur Sammlung. Wer sich hinsetzt und sofort zu beten anfängt, lässt sich nicht einmal die Zeit, die Zerstreuung wahrzunehmen; das heißt nicht, dass es für ihn den Zustand der Zerstreuung nicht gibt, nur dass seine gesprochenen Gebete den Lärm in seinem Kopf übertönen. Der vor ein paar Jahren verstorbene Metropolit der russisch-orthodoxen Kirche in Großbritannien, Anthony Bloom, erzählt von einer alten Frau, die zu ihm gekommen war, weil sie nie das Gefühl der Gegenwart Gottes beim Beten spürte, obwohl sie schon vierzehn Jahre lang regelmäßig betete. »Haben Sie ihm Gelegenheit gegeben, ein Wort einzuwerfen?« fragte er sie dann. Nach kurzem Nachdenken musste sie zugeben, dass ihr Gebet vorwie-

---

[8] Romano Guardini, *Vorschule des Betens,* Einsiedeln 1964, S. 32

gend aus dem eigenen Reden bestand. Da der Metropolit wusste, dass diese Frau gern strickte, empfahl er ihr, bei ihrer nächsten Gebetszeit das Strickzeug in die Hand zu nehmen und fünfzehn Minuten lang vor dem Angesicht Gottes zu stricken! Wenige Wochen später berichtete sie: »Das ist ganz merkwürdig: Wenn ich zu Gott bete, genauer, wenn ich zu ihm spreche, fühle ich nichts, doch wenn ich still dasitze, ihm gegenüber, dann fühle ich mich in seine Gegenwart eingehüllt.[9]

Abschweifende Gedanken

Wenn wir mit Worten, mit Gewalt oder mit Anstrengung einen Zustand des Gesammeltseins herbeiführen wollen, wird es uns nicht gelingen. Nicht Anspannung, sondern Entspannung in der Gegenwart Gottes kann zur inneren Sammlung führen. Das gilt auch für den Umgang mit den abschweifenden Gedanken. Ich kann mich über die Vielzahl der Gedanken aufregen, die mir durch den Kopf gehen, wenn ich vor Gott schweigen möchte, aber meine Aufregung macht das Problem nur noch schlimmer. Wenn ich sie aber wie bei der letzten Übung mit Gelassenheit, Neugierde und vielleicht sogar mit etwas Humor betrachte, kommen sie allmählich eher zum Stillstand. Eine Zeit lang versuchten wir in unserer Familie einen jungen Welpen zu erziehen, aber wenn er Spiellaune hatte und draußen auf der Wiese herumtobte, konnte man ihn kaum einfangen, um ihn nach Hause zu bringen. Je mehr wir herumrannten, um ihn zu fassen, desto mehr »spielte« er mit und lief weg. Nach einigen leidvollen Erfahrungen entdeckten wir, dass es eine bessere Me-

[9] Anthony Bloom, *Lebendiges Beten*, Freiburg 1976, S. 137

thode gab! Wenn es Zeit war, nach Hause zu gehen, mussten wir zuerst so tun, als würden wir ihn ignorieren und geduldig an einem Ort stehenbleiben; dann wurde er bald davon müde, ohne uns zu spielen und er kehrte von allein zu uns zurück. Diese Strategie war am Anfang zwar zeitaufwändiger, aber im Laufe der Zeit wurden solche nervenaufreibenden »Spielverlängerungen« viel seltener!

Genausoviel Geduld brauche ich mit meinen Gedanken. Wenn ich ihnen hinterherjage, um sie »einzufangen«, wird meine Zeit der Stille in Unruhe und Frustration enden. Anders ist es, wenn ich mir von Anfang an den eigenen Standort bewusst mache, nämlich dass ich in der Stille vor Gott sitze. Ein optischer Orientierungspunkt, wie zum Beispiel eine Kerze oder ein Kreuz, kann dabei sehr hilfreich sein. Wenn die störenden Gedanken kommen, werde ich darüber nicht unruhig, sondern ich lasse sie zu – aber indem ich mir immer wieder meinen Standort neu bewusst mache, führe ich auch die Abschweifungen ganz sanft zu diesem Punkt zurück. Letztendlich ist es – wie beim Hund – eine Frage des Vertrauens, in diesem Fall zu Gott, der in der Stille bei mir bleibt, der die Mitte meines Lebens ausmacht und stärker ist als alles, das mich von dieser Mitte wegbringen will.

Falsche Erwartungen

Ein weiteres Hindernis für die innere Sammlung entsteht, wenn ich in der Stille einen bestimmten Gemütszustand erwarte oder, anders gesagt, wenn ich die Sammlung mit einer frommen Leistung verwechsle. Da möchte ich mich vor Gott entspannen und plötzlich tauchen in meinem Gehirn Gedanken auf, die meiner Meinung nach in dieser

Zeit der Stille nichts zu suchen haben. Ich empfinde sie als störend und bemühe mich, sie möglichst rasch zu verbannen oder durch »geistlichere« Gedanken zu ersetzen. Es können Banalitäten sein, wie eine Szene aus einer Fernsehsendung, die ich lustig fand; es können sexuelle Phantasien sein; oder vielleicht ist es nur der Ärger über den Nachbarn, der mich gestern komisch angesprochen hat. Auf jeden Fall entsprechen sie nicht dem, was ich mir von einer Begegnung mit Gott verspreche.

Genau hier liegt ein schwerwiegendes Missverständnis von Gottesbegegnung vor, aus dem ich aber vieles lernen kann. Wenn ich ehrlich bin, muss ich zugeben: Die Gedanken, die mir in der Zeit der Stille spontan kommen, gehören zu mir; und die frommeren Gedanken, die nicht so gern kommen möchten, gehören wohl weniger zu mir! Welches Gottesbild oder welches Verständnis der Frömmigkeit treibt mich dazu, ausgerechnet jetzt in diesen Minuten, die im tiefsten Sinne eine »Zeit für mich« sein könnten, jemanden vorzuspielen, der ich gar nicht bin? Die Erzählungen von Jesus in den Evangelien und die Erfahrungen von vielen Menschen heute sagen beide ein und dasselbe: Gott begegnet Menschen dort, wo sie sich befinden und nicht dort, wo sie meinen sein zu müssen. Ich brauche mich nicht krampfhaft nach den richtigen geistlichen Gedanken auszustrecken; stattdessen kann ich *alle* Gedanken erst mal kommen lassen, denn ich weiß, dass ich vor Gott so sein kann wie ich bin.

Mit anderen Worten ist Sammlung weniger eine Konzentrationsübung als mehr ein Sich-entspannen-Können in der Gegenwart eines Freundes. Wenn ich ein Gespräch mit jemandem führe, den ich nicht sehr gut kenne, können Pausen als etwas Peinliches empfunden werden. Mit einem Freund brauche ich aber nicht immer zu reden, denn ich weiß, dass Schweigen uns genauso verbindet. Bei einem Bekannten suche ich aus, was ich von mir preisgebe und was ich für mich behalte, aber vor einem guten Freund brauche ich keine Geheimnisse zu haben; bei ihm kann ich es mir leisten, echt zu sein. Gott als Freund zu bezeichnen ist sicherlich nichts Neues. Neu ist für viele von uns nur der Versuch, diese Erkenntnis in die Praxis der Stille umzusetzen. Ein französischer Priester fragte einmal einen alten Bauern, warum er schon über eine Stunde in der Kirche sitzen würde, ohne überhaupt mal zu beten. »Ich schaue Gott an«, antwortete er, »er schaut mich an, und wir sind beide glücklich.«

Wenn ich bei mir zu Hause ein »Schneeglas« besitze, kann ich es zu Beginn einer Zeit der Stille in die Hand nehmen, kräftig schütteln und wieder hinstellen. Wer eine Flasche mit trübem Apfelsaft schüttelt, verursacht eine ähnliche Wirkung. (Besser ist es, die Flasche vorher fest zuzuschrauben, sonst verbringt man die für die Stille reservierte Zeit mit weniger erfreulichen Beschäftigungen!) Man kann aber auch ohne optische Hilfsmittel einen solchen Vorgang im Kopf visualisieren.

Die Gedanken an den kommenden oder den vergangenen Tag stelle ich mir als die Schneeflocken oder Teilchen vor, die aufgeschüttelt werden und jetzt langsam nach unten fallen. Ich versuche sie nicht zu beschleunigen, denn die Freude beim Schneeglas besteht in der Bewegung des Fallens und nicht im Landen. So sehe ich auch mit Freude zu, wie meine Gedanken fallen. Wie der Boden des Glases sind die Hände Gottes unter meinen Gedanken. Alle Gedanken, die mir jetzt kommen, die guten und die bösen, die frommen und die allzu menschlichen, finden in diesen Händen Ruhe.

Als Hilfe zu dieser Übung könnte ich eins von den folgenden beiden Gedichten von Rainer Maria Rilke nehmen.

In »Herbst« sind es die Blätter, die das langsame Heruntersinken darstellen:

Die Blätter fallen, fallen wie von weit,
als welkten in den Himmeln ferne Gärten;
sie fallen mit verneinender Gebärde.

Und in den Nächten fällt die schwere Erde
aus allen Sternen in die Einsamkeit.

Wir alle fallen. Diese Hand da fällt.
Und sieh dir andre an: es ist in allen.

Und doch ist Einer, welcher dieses Fallen
unendlich sanft in seinen Händen hält.

Dass das Gesammeltsein einerseits mit Mühe zu erlernen ist, andererseits aber doch gleichzeitig entwaffnend einfach sein kann, schildert Rilke in einem anderen Gedicht, das er einer Bekannten widmete:

Schwer ist zu Gott der Abstieg. Aber schau:
du mühst dich ab mit deinen leeren Krügen,
und plötzlich ist doch: Kind sein, Mädchen, Frau –
ausreichend, um ihm endlos zu genügen.

Er ist das Wasser: bilde du nur rein
die Schale aus zwei hingewillten Händen,
und kniest du überdies -: Er wird verschwenden
und deiner größten Fassung über sein.[10]

---

[10] Rainer Maria Rilke, *Die Gedichte*, Frankfurt 1986, S. 346 und S. 1021

Kapitel 5

Die Angst vor der Stille

> Weil viel geschehen kann,
> wenn einmal nichts geschieht,
> muss immer etwas geschehen,
> damit nichts geschieht.
>
> ERICH FRIED

Wenn die Stille nur schön wäre, bräuchten wir keine Bücher darüber zu lesen. Wir würden mit derselben Selbstverständlichkeit, mit der wir in den Urlaub fahren, jede Gelegenheit nutzen, um in sie hineinzutauchen und bald würden wir den glückseligen Zustand des alten französischen Bauern im letzten Kapitel erreichen. Aber für viele von uns zeigt sich die Realität anders. Wir haben versucht, uns in der Stille zu sammeln und entdeckt, dass der Vergleich mit dem »Schneeglas« nicht immer zutrifft. Wir erleben das Geschehen in unserem Kopf nicht als schöne Schneeflöckchen, die langsam nach unten verschwinden. Uns stören manchmal dunkle Gedanken, die nicht weggehen, indem wir sie ignorieren, und wenn wir uns mit ihnen beschäftigen, werden sie nur noch größer und bedrohlicher.

Deswegen möchte ich dieses Kapitel mit einem anderen Bild beginnen. Das Haus in Hamburg, in dem wir viele Jahre lang als Familie wohnten, hat drei große Kellerräume. Am Anfang haben wir uns darüber gefreut, aber im Laufe der Zeit stellten wir fest, dass Kellerräume auch eine Gefahr bergen. Alles, was oben im Haus keinen Platz mehr hat, aber man noch nicht wegschmeißen will, kommt nach unten in den Keller – altes Spielzeug, kaputte Fahrräder, Kisten voller Äpfel, Bücher, Klamotten und einiges mehr. Da sammelt sich bei vier Töchtern vieles an!

Stellen wir uns vor, dass ein Kind die Tür zu so einem dunklen Kellerraum öffnet, den es bisher nie betreten hat. Es kann mit der Angst zu tun bekommen. In dem düsteren Raum sind nur seltsame Formen und Umrisse zu sehen, die das Kind nicht identifizieren kann. Wenn der Keller auch noch komisch riecht und aus der Ecke raschelnde Geräusche zu vernehmen sind, schließt es die Tür schnell und läuft mit klopfendem Herzen davon. Von nun an enthält das Haus immer eine Bedrohung, denn unten im Keller lauert etwas, vor dem das Kind sich fürchtet. Allmählich merken die Eltern, dass das Kind immer einen Bogen um die Tür zum Keller macht. Die einzige Möglichkeit, die Angst zu überwinden, besteht darin, dass ein Elternteil das Kind liebevoll an die Hand nimmt und mit beruhigenden Sätzen nach unten führt. Im Keller wird das Licht eingeschaltet und das Angsterregende entpuppt sich als alte Möbelstücke oder Spielzeuge, die mit Bettlaken zugedeckt sind. Der merkwürdige Geruch kommt von den vergessenen Äpfeln, die im Vorjahr dort gelagert wurden, und das Rascheln von einer Feldmaus, die vor der winterlichen Kälte in das Haus geflüchtet ist!

Die Stille ist oft wie die Tür zu diesem Kellerraum. Wenn ich sie öffne, nehme ich vielleicht zuerst nur dunkle Gestalten und Angst erregende Geräusche wahr. Ich weiß nicht, worauf ich mich dabei einlasse, und deswegen liegt die Versuchung nahe, die Tür schnell wieder zu schließen und davonzulaufen. Danach mache ich immer einen

Bogen um die Stille. Wenn ich das aber tue, werde ich ständig von einer lauernden Unruhe begleitet. Die Einladung, Stille zu genießen, wirkt dann für meine Ohren eher als eine Zumutung, weil für mich zuerst das Unangenehme im Vordergrund steht. Ich brauche jemanden, der mich an die Hand nimmt, das Licht einschaltet und versucht, die dunklen Formen mit mir zu identifizieren und dadurch meine Angst einzudämmen.

Auf der Flucht vor der Stille

Beschreibe ich damit eine kleine Minderheit von Menschen, die an dieser Stelle Schwierigkeiten erlebt? Ich glaube nicht. Wenn nur wenige Menschen die Stille als etwas Negatives erleben, warum versuchen so viele, sie möglichst aus ihrem Leben zu verdrängen? Denken wir kurz über den normalen Verlauf des eigenen Alltags nach. Wie oft ergreifen wir Maßnahmen, um die Stille zu vertreiben? Für manchen beginnt der Tag schon mit dem Radiowecker, der dafür sorgt, dass das Aufwachen sich angenehm gestaltet und keine beunruhigenden Gedanken sich am frühen Morgen in unseren Köpfen festmachen. Für andere geschieht der Griff zum Radio oder zur Zeitung erst beim Frühstück. Beim Zeitunglesen bleibe ich zwar still, aber die Wirkung, auch wenn sie unbewusst angestrebt wird, bleibt dieselbe: Ich lasse mich ablenken, weil ich meinen Gedanken in der sonst entstehenden Stille nicht freien Lauf geben möchte. Und wenn ich ins Auto steige, um zur Arbeit zu fahren, wird der CD-Player eingeschaltet, um die »leere« Zeit zwischen Zuhause und Arbeitsplatz zu überbrücken.

Es geht nicht darum, dass wir jeden Tag so viel Zeit wie möglich in absoluter Stille verbringen müssten.

Gegen das Hören von Musik oder das Lesen von Nachrichten ist nichts einzuwenden. Die Frage lautet vielmehr: Höre ich jetzt Musik, weil ich Musik hören will oder weil ich die Stille schlecht ertragen kann? Lese ich die Zeitung oder verschlinge ich so viele Romane, weil ich mich informieren möchte und das Lesen mir Spaß macht oder ist sogar das Lesen zu einer Gewohnheit geworden, die dazu dient, die Stille zuzudecken? Wer unsicher ist, welche Antwort bei ihm am besten zutrifft, kann ein kleines Experiment durchführen, indem er ein paar Tage auf seine Lieblingsbeschäftigung (Musik, Fernsehen, Lesen) verzichtet und die eigenen Reaktionen dabei beobachtet. Wenn das sehr schwerfällt, ist es vielleicht ein Zeichen dafür, dass diese Beschäftigung auch einem verborgenen Zweck dient – nämlich der Verdrängung der Stille. Warum aber sollten wir etwas verdrängen wollen, was nur schön ist? Es könnte also sein, dass die Stille für viele von uns eine Schattenseite hat, die uns beunruhigt.

Der Kellerraum in mir

In diesem Kapitel möchte ich der Frage nachgehen, wo die Schattenseite der Stille herkommt. Dabei weiß ich, wie unterschiedlich wir Menschen sind, und dass nicht jeder an dieser Stelle große Probleme hat. Alle haben zwar einen Kellerraum, aber bei einigen ist er ziemlich gut aufgeräumt; sie haben den Lichtschalter entdeckt und regelmäßig versucht, etwas Ordnung zu schaffen. Der Alltag und die Sorgen und Aufgaben des Lebens wollen auch sie von der Stille abhalten und deswegen müssen sie darum kämpfen. Aber wenn sie dies getan haben, erleben sie Stille vorwiegend als etwas Wohltuendes, weil sie in einem relativ ausgeglichenen Verhältnis zu sich selber, zu Gott und zu ihren Mitmenschen leben.

Dann gibt es eine große Gruppe von Menschen, die die Tür zum unaufgeräumten Keller fest verriegelt und fast vergessen haben, dass es diese untere Etage überhaupt noch gibt. Sie wirken nur deswegen ausgeglichen, weil sie ihre Ängste und Probleme ziemlich erfolgreich verdrängt haben. Die Routine und die eigene Rolle beherrschen ihr Leben und sie haben sich dahinter versteckt. Wenn sie die Stille überhaupt praktizieren, dann nur kurz und meistens in der Form des gesprochenen Gebets, das wenig Gelegenheit für wirkliche Stille zulässt. Diese Gruppe neigt am stärksten dazu, eine entstehende Stille durch Musik, Lesen oder Fernsehen möglichst schnell im Keim zu ersticken. Manchmal, wenn sie durch ein Gespräch, eine Predigt oder ein Buch ins Nachdenken kommen, spüren sie kurz die Sehnsucht nach mehr Tiefgang. Weil sie aber ahnen, dass der Tiefgang leider in den Keller führt, bleiben sie lieber bei dem, was sie sich oben gebaut haben.

In einer dritten Kategorie sind diejenigen, die schon angefangen haben, sich auf die Stille einzulassen, und dabei feststellen, dass ihnen diese Beschäftigung erhebliche Probleme bereitet. In der Stille kommen ihnen Gedanken, Sorgen oder Ängste hoch, die sie nicht im Griff haben und die sie stark beunruhigen. Sie wissen, dass im Keller aufgeräumt werden muss, haben aber Angst vor dem, was sie dort finden könnten. So bleiben sie an der Schwelle stehen und können sich noch nicht so richtig entscheiden, ob sie weiter eintreten sollten. Wenn sie den Mut aufbrächten, in die Schattenseite der Stille hineinzuschauen, würden sie feststellen, dass verborgene Schätze in ihr zu finden sind – aber dazu fehlt ihnen das Vertrauen. Gerade wenn wir eher zur dritten Gruppe tendieren, wäre zu empfehlen, dass wir bei der weiteren Beschäftigung mit der Stille die Begleitung eines anderen Menschen in Anspruch nehmen sollten. Wie das Kind im Keller brauchen wir auch manchmal eine helfende Hand, die uns führt. Kein Buch kann diese persönliche Begleitung ersetzen. Wenn durch die Praxis der Stille Ängste in uns entstehen, sollten wir uns nicht scheuen, uns an einen guten Freund, einen Seelsorger oder einen professionellen Therapeuten zu wenden. Es ist nicht immer ratsam, den Weg in die Stille allein zu gehen.

Die Angst vor dem Unbekannten

Manchmal greifen wir unbewusst das Bild des Kellerraumes auf, wenn wir den Satz formulieren: »In der Stille kommt etwas in mir hoch, das mich unruhig macht.« Bisher brauchten wir vielleicht nicht sehr oft die tieferen Ebenen unseres Lebens wahrzunehmen. Jetzt, durch die Stille, scheint eine Tür zu einem Bereich aufgegangen zu sein, den wir kaum kennen. Diese Erfahrung birgt die starke Versuchung in sich, die Stille abzubrechen und damit die Tür zu dem, was in der Stille hochkommt, wieder zu schließen. Wenn wir das tun, fällen wir – meist unbewusst – eine Entscheidung, das Unbekannte zu verdrängen. Dadurch behält es aber seine Macht über uns und wir laufen Gefahr, es später erneut zu spüren, dann mit noch größerer Kraft. Die Alternative besteht darin, eine bewusste Entscheidung zu treffen, mich dem Angsterregenden zu stellen. Ich riskiere es, die dunklen Gefühle und Ängste kommen zu lassen; ich lasse sie aus der Dunkelheit des Halbbewussten in das Licht hinaufsteigen. Dort kann ich sie besser wahrnehmen und in diesem Licht nach und nach erkennen, woraus sie bestehen.

Wenn ich dann die in mir entstehende Unruhe unter die Lupe nehme, könnte es sein, dass es sich um Gefühle handelt, die ich nie richtig zugelassen habe, vielleicht weil ich der Meinung war, dass sie nicht »christlich« seien oder einfach, weil ich mich vor ihrer Gewalt etwas fürchtete. Ich erinnere mich zum Beispiel an eine ungerechte Behandlung durch einen Menschen, den ich als Freund betrachtete. Ich dachte, dass die Verletzung schon längst geheilt war, aber in Wirklichkeit habe ich sie nur in den Tiefen meines Kellers versteckt. Die Gedanken, die mir in der Stille kommen, zeigen eine Aggression, die ich nicht nur gegen diese Person noch hege, sondern die inzwischen auch meine Beziehungen zu anderen Menschen färbt.

Auch der Verlust eines geliebten Menschen, der nicht ausreichend verarbeitet war, kann in einer Zeit der Stille wieder spürbar werden. Dann erlebe ich plötzlich eine große Traurigkeit, die mich so in Besitz nimmt, dass ich zu weinen beginne. Dabei wird es mir allmählich deutlich, warum ich so lange der Stille aus dem Wege gegangen bin. Damals hat der Schmerz des Verlustes so weh getan, dass ich ihn nicht länger ertragen konnte; ich habe alle Gedanken um diesen Menschen aus meinem Bewusstsein verdrängt und dort untergebracht, wo sie mich nicht mehr beunruhigen. Durch die Tür der Stille sind sie wieder in Erscheinung getreten.

Die Beispiele könnten fortgesetzt werden: ein Versagen, worüber ich mich so sehr geschämt habe, dass ich es möglichst schnell aus dem Gedächtnis zu vertreiben versuchte; eine Trennung, die ich immer noch nicht akzeptiert habe; oder vielleicht ein traumatisches Erlebnis wie eine Misshandlung in meiner Kindheit oder ein schwerer Autounfall. Weil wir nicht zugeben wollen, dass solche Episoden auch zu unserem Leben gehören oder die Erinnerung einfach nicht vertragen können, verbannen wir sie in den Keller. Dadurch sind sie alles andere als erledigt, denn sie bilden mit der Zeit die undefinierbaren dunklen Formen, vor denen wir uns fürchten. Wenn ich in der Stille bleibe, sie aushalte und solche Gefühle zulasse, gewinnen sie allmählich deutlichere Konturen. Nicht mehr das Unbekannte macht mir Angst, sondern ich weiß, womit ich es zu tun habe, und ich kann konkrete Schritte einleiten, wie zum Beispiel das begleitende Gespräch mit einem anderen Menschen suchen, um die schon längst fällige Verarbeitung nachzuholen.

Unerwünschte Fragen

Die Stille hat auch die unangenehme Gewohnheit, mich mit Fragen zu konfrontieren, die ich mir eigentlich nicht stellen will. In dem Lärm und den vielen Aktivitäten des Alltags ist es leicht, nagende Zweifel über bestimmte Bereiche meines Lebens zu unterdrücken. Im tiefsten Inneren weiß ich zum Beispiel, dass etwas Wesentliches in der Beziehung zu meiner Frau, zu meiner Tochter oder zu meinen Eltern nicht in Ordnung ist. Ich habe bisher immer die Schuld bei dieser Beziehungsstörung erfolgreich auf die anderen schieben können, wenn ich gelegentlich im Verlauf der täglichen Routine damit konfrontiert wurde; die Stille erlaubt mir mehr Zeit zu reflektieren und zwingt mich dazu, ehrlicher zu sein. Dann merke ich, dass die Ursache der Spannung mindestens genauso viel bei mir zu finden ist. Weil ich geahnt habe, dass eine Veränderung in meinem Leben nötig wäre, um einer Lösung des Problems näherzukommen und dass sie mich einiges an Überwindung kosten würde, habe ich bisher solche Fragen nie richtig aufkommen lassen. Oder ich habe seit einiger Zeit das dumpfe Gefühl, dass mein gegenwärtiger Arbeitsplatz nicht mehr der richtige ist. Da ich aber dort nicht schlecht verdiene und mich ziemlich gut eingearbeitet habe, möchte ich nicht unbedingt einen Wechsel riskieren. Die Stille beunruhigt mich, weil sie diesen Fragen die Zeit und Gelegenheit bietet, aus dem dunklen Bereich des »dumpfen Gefühls« in das Licht des Bewusstseins zu treten. Eine Entscheidung, die ich weiter vor mir herschieben wollte, drängt auf Klärung.

Verlorene Identität

Wenn wir den Mut aufbringen, eine Entscheidung zu treffen oder eine Korrektur in unserem Verhalten anzustreben, kann es dazu führen, dass die Ursache der störenden Unruhe beseitigt wird. Manchmal stellen wir aber fest, dass solche unterdrückten Fragen und Sorgen eine größere Problematik verbergen. Um beim Kellerbild zu bleiben: Es wird einiges aufgeräumt und entsorgt, aber dadurch wird deutlicher, was für eine Unordnung noch dahinter liegt! Hinter vielen Gedanken, die uns in der Stille beunruhigen, steckt die Frage der eigenen Identität. Ob ich Stille gut aushalten kann oder nicht, hat sehr viel mit der Art und Weise zu tun, wie ich mit der Frage »Wer bin ich?« umgehe. Einige Menschen haben ein starkes Selbstbewusst-sein oder Ichgefühl; das heißt, dass sie ein relativ klares Bild vom dem haben, was sie als »Ich« bezeichnen, und es gut finden, dass sie so sind. Andere haben im Gegensatz dazu ein recht schwaches Ichgefühl;

sie werden von Selbstzweifeln geplagt und finden ihre eigene Persönlichkeit grundsätzlich nicht in Ordnung. Egal, ob ich zur ersten oder zur zweiten Gruppe gehöre, wenn ich in der Lage bin, das eigene Selbstbild gelegentlich zu überprüfen, indem ich »Bild« und »Wirklichkeit« nebeneinander betrachte und so weit wie möglich vergleiche, werde ich vor der Stille keine große Angst haben. Wenn ich aber an meinem »Bild« so festklebe, dass ich mich von ihm nicht trennen kann, werde ich die Stille als Bedrohung empfinden.

In aller Regel wird das Bild, das ich von mir selber habe, weitgehend von verschiedenen Menschen aus meiner Kindheit vorgeprägt sein. Im Laufe der Kindheit und Jugend bilden sich nach und nach Leitsätze in meinem Kopf, die ich selten bewusst wahrnehme, aber die doch eine große Macht über mein Verhalten ausüben. »Sie wird es nicht schaffen« oder »Er kann es einfach nicht« wird in einem Augenblick der Frustration von einem Lehrer oder von einer Mutter behauptet. Solche Sätze werden von Kindern ganz intensiv wahrgenommen, und nach dem zweiten oder dritten Mal werden sie zu einer Art verborgenem Lebensmotto, das ihre Reaktionen und Gewohnheiten in späteren Jahren bestimmt, ohne dass sie es überhaupt merken. Die Sätze unterscheiden sich von Person zu Person. »Sei doch vorsichtig, es könnte schiefgehen« dient als Leitsatz für viele Menschen, die von Ängstlichkeit und mangelnder Risikobereitschaft geprägt sind. Sie haben das vielleicht als Kind so oft gehört, bis es verinnerlicht und dadurch zu einer Grundeinstellung ihres Lebens wurde. »Du bist kein großes Licht« oder »Du bist nicht viel wert« müssen als Sätze nicht einmal ausdrücklich formuliert werden; als Kinder hören wir sie hinter den Äußerungen der Erwachsenen, und wenn wir sie oft so vernehmen, bestimmen sie allmählich unser Selbstbild. Später gehören wir zu den Menschen, die sich immer zu sehr zurücknehmen, auch wenn sie Gutes geleistet haben. Es geht aber nicht nur um Sätze, die das Ichgefühl schwächen und zu einer empfundenen Minderwertigkeit führen. Viele, und das sind nicht nur Einzelkinder, wachsen in der Überzeugung auf, dass die ganze Welt um sie kreist; sie werden von ihren Eltern so lange auf diese Art erzogen, bis ein Satz wie »Du bist der Mittelpunkt unseres Lebens« ihr Leben auch außerhalb der Familie bestimmt. Solche Sätze sind genauso problematisch wie diejenigen, die zu Minderwertigkeitskomplexen führen, denn in beiden Fällen stimmen sie mit der Wirklichkeit nicht überein.

Und was haben diese Sätze mit der Stille zu tun? Normalerweise üben sie im Alltag eine unbewusste Macht aus, in der Stille aber werden diese Stimmen langsam deutlich. Wenn ich bei lauter Musik Auto fahre, werde ich die Geräusche des Motors gar nicht hören und eventuelle Störungen akustisch nicht wahrnehmen können. Nur wenn ich die Musik ausschalte, höre ich das, was die Fortbewegung meines Fahrzeugs ermöglicht! Mein Leben wird auch von Motoren getrieben, die ich normalerweise nicht höre; nur in der Stille wird nach und nach deutlich, welche Stimmen mich »motivieren«. Nur wenn ich wirklich hinhöre, kann ich prüfen, ob sie mich voranbringen oder bremsen. Die Frage der Identität ist zugleich die Frage nach der verlorenen Mitte, die im ersten Kapitel schon erwähnt wurde. Sehr häufig gehen wir der Stille aus dem Weg, weil wir vor dieser Frage Angst haben. Wir haben Angst, weil wir erkennen könnten, dass etwas bei uns zur Mitte oder zur Identität geworden ist, das uns kaputtmacht oder uns auf Dauer nicht tragen kann. Wir wollen die Stimmen nicht identifizieren, die unsere Gewohnheiten beeinflussen, weil wir schon ahnen, dass sie nicht gut sind. Aber wenn wir sie nicht hätten, was dann? Auch wenn sie falsch sind, funktionieren sie mindestens als Motor, und wenn sie völlig fehlten, woher würden wir dann unsere Lebensenergie nehmen?

An dieser Stelle könnte es gut tun, eine kurze Pause beim Lesen einzulegen. Wenn ich die Musik meines Alltags leiser drehe, dieses Buch beiseite lege und die Gedanken langsam zur Ruhe kommen lasse, um besser auf meinen Motor (oder meine Motoren) zu hören, was nehme ich wahr? Welche verborgenen Stimmen oder Leitsätze höre ich bei mir in der Stille? Es hilft schon, wenn ich sie identifiziere und erkenne, welche Sätze mich bremsen oder lähmen und welche mich in meiner Lebensmitte beleben oder stärken könnten.

Die Angst vor dem Tod

Vor allem haben wir Angst davor, dass wir in der Mitte unseres Lebens – an der Stelle, die unsere Identität ausmacht – nicht ein Ich, sondern ein Nichts finden. Wenn wir in der »Mitte« keiner klaren Identität, sondern einer gähnenden Leere begegnen, könnten wir vielleicht entdecken, dass diejenigen doch recht haben, die behaupten, dass das Ich eine Illusion sei. Grundsätzlich unterscheidet sich diese Befürchtung nicht wesentlich von der Angst vor dem Tod. Wenn ich sterbe, höre ich auf, »Ich« zu sein, und diese Realität möchten die meisten von uns nicht wahrhaben. Die Stille kommt mir deswegen als bedrohlich vor, weil sie mich indirekt an den Tod erinnert. Vor dem Anfang meines Lebens war alles sehr still um mich; und nach dem Ende meiner Lebenszeit wird – zumindest aus menschlicher Perspektive betrachtet – dieselbe große Stille wieder eintreten. Die Zeit zwischen Anfang und Ende wird mit Aktivitäten gefüllt, die einerseits meinem Leben einen Sinn geben, aber gleichzeitig den Todesgedanken in den Hintergrund meines Bewusstseins drängen. So gesehen, ist der Tod das große Fragezeichen, das alles in Frage stellt, worauf mein Leben aufgebaut ist.

Wenn wir ehrlich sind, ist keiner von uns frei von dieser Todesangst; wir unterscheiden uns nur darin, wie wir damit umgehen. Je mehr ich den Gedanken an den eigenen Tod aus meinem Bewusstsein ausklammere, desto mehr wird sich mein Leben als Flucht vor dem Tod gestalten, und das wird sich auf meine Einstellung zur Stille auswirken. Es wird mir schwerfallen, mich auf die Stille einzulassen, denn darin fehlt plötzlich der schützende Vorhang der Aktivitäten in Kopf und Körper, der die Sicherheit meines eigenen Todes vor meinen Augen verborgen hält. Hierin liegt die stärkste Herausforderung der Stille: Mache ich aus Angst vor der Wirklichkeit wieder einen Rückzieher und stürze mich erneut ins Leben hinein oder kann ich mich langsam mit der Tatsache anfreunden, dass es mich irgendwann – zumindest in dieser Gestalt – nicht mehr gibt?

Damit möchte ich unsere kurze »Führung durch den Keller« beenden. Dieses Kapitel war nicht leicht zu schreiben und wird vermutlich auch nicht leicht zu lesen gewesen sein. Aber wenn wir uns ernsthaft mit Stille beschäftigen wollen, darf eine Behandlung ihrer dunkleren Seite nicht fehlen. In der Zeile aus dem Rilke-Gedicht am Ende des letzten Kapitels steckt viel Weisheit: »Schwer ist zu Gott der Abstieg.« Wer sich nach Tiefgang im Glauben sehnt, darf sich nicht davor scheuen, die Treppe zum Keller hinunterzusteigen. Ich habe versucht, die verschiedenen Gestalten, die uns in der Stille begegnen könnten, mit einer kurzen Schilderung zu erwähnen, damit wir von ihnen nicht überrascht werden oder meinen, wir wären die einzigen, die auf solche Probleme stoßen. Über die einzelnen Bereiche gibt es eine Fülle von Literatur von erfahrenen TherapeutInnen und SeelsorgerInnen. Meine Beobachtungen, die ich aus eigenen Erfahrungen und Gesprächen mit anderen Menschen festgehalten habe, sollen lediglich als Wegweiser auf der Reise in die Stille dienen. Die Schattenseite der Stille darf nicht zum Schwerpunkt werden, sondern uns nur so lange beschäftigen, bis wir beginnen, die dunklen Formen zu erkennen. Dadurch verlieren sie ihre Bedrohlichkeit, unsere Angst lässt langsam nach, und wir sind in der Lage, unsere Reise fortzusetzen. Wie wir mit den dunklen Gestalten umgehen können und warum wir letztlich keine Angst vor ihnen zu haben brauchen, wird das Thema nach dieser Übung sein.

Ich stelle mir eine schöne Villa in einem grünen Park vor. Es ist Sommer und das Haus ist von Sonnenlicht umgeben. Wenn ich aber näher trete, merke ich, dass es unbewohnt ist und dass die meisten Fenster hinter verschlossenen Rollläden verborgen sind. Nach einer Weile entdecke ich einen offenen Seiteneingang und trete in das Haus ein; ich fange an, die Fenster zu öffnen und Licht einzulassen. In einem großen Zimmer finde ich wertvolle, alte Möbelstücke, die mit großen Tüchern zugedeckt sind; ich kann die Schutzdecken entfernen und die Möbelstücke bewundern. In einem anderen Raum enthüllt das Tageslicht ein chaotisches Durcheinander von Müll und Staub.

Ich mache mir bewusst, dass diese Villa mein Lebenshaus darstellt, und gehe das Haus noch einmal durch. Ich fange bei den Räumen an, die schon mit Licht erfüllt sind. Wo sind meine schönsten Räume? Welche Seiten von mir zeige ich gerne, wenn ich mit anderen zusammen bin? Ich danke Gott für das Licht, das die Schönheit dort sichtbar macht. Dann gehe ich langsam den dunklen Räumen entgegen, die ich anderen lieber nicht zeigen möchte. Wie würde ich diese Räume beschreiben, oder in welchen Lebensbereichen befinden sie sich? Was würde es bedeuten, dort die Fenster zu öffnen und Licht einstrahlen zu lassen?

Indem ich das Haus durchschreite, wird mir nach und nach bewusst, dass ich nicht mehr alleine bin. Es hält mich jemand an der Hand, zu dem ich Vertrauen habe. Er ermutigt mich, weiterzugehen, wenn ich Angst bekomme; er zeigt mir wo die Fenster sind und hilft mir, das Unordentliche in manchen Räumen anzuschauen.

Am Ende der Übung meditiere ich ein paar Minuten über den folgenden Vers: »Denn Gott, der sprach: Licht soll aus der Finsternis hervorleuchten, der hat einen hellen Schein in unsre Herzen gegeben« (2 Kor 4,6). Ich mache mir bewusst, dass irgendwo tief in mir etwas vom Licht Gottes leuchtet oder durchschimmert. Gibt es eine Stelle in den Innenräumen meines Körpers, an der ich so etwas wie einen hellen Schein spüre? In der Stille schaue ich, ob ich diesem Licht in mir mehr Raum geben kann.

Kapitel 6

Stille und Vertrauen

Im Stillesein und im Vertrauen liegt eure Kraft.

JES 30,15

In seinem Roman »Fräulein Smillas Gespür für Schnee« lässt der dänische Autor Peter Hoeg seine Hauptfigur, eine Grönländerin, den Unterschied zwischen der europäischen und der grönländischen Art beschreiben, mit Niederlagen oder depressiven Stimmungen umzugehen. Ein Europäer würde zum Beispiel immer versuchen, sich mit Aktivitäten oder Unterhaltung von einem Problem abzulenken und dadurch einer Konfrontation auszuweichen. Fräulein Smilla wählt einen anderen Weg:

Der grönländische Weg besteht darin, dass man in das schwarze Loch hineingeht. Seine Niederlage unter das Mikroskop legt und bei diesem Anblick verweilt. Wenn es richtig schlimm ist, sehe ich einen schwarzen Tunnel vor mir. Zu dem gehe ich. Ich lege meine schönen Sachen ab, meine Unterwäsche, meinen Sicherheitshelm und meinen dänischen Pass, und dann gehe ich in das Dunkle hinein. Ich weiß, es kommt ein Zug. Eine Dampflokomotive mit Bleimantel, die Strontium 90 transportiert. Ich gehe ihr entgegen. Das kann ich, weil ich siebenunddreißig Jahre alt bin. Ich weiß, dass im Tunnel, unter den Rädern, zwischen den Schwellen, ein kleiner Lichtpunkt ist.

Was Hoeg hier beschreibt, ist die moderne Variante einer sehr alten Erfahrung, die über die Jahrhunderte durch eine Vielzahl von Bildern zum Ausdruck gebracht wurde. Für *Johannes vom Kreuz* war es die dunkle Nacht der Seele. Wenn man sich auf sie einlässt und die Dunkelheit nicht nur erträgt, sondern bewusst durchschreitet, werden irgendwann die ersten Lichtschimmer der Morgendämmerung sichtbar. In der Bibel müssen Menschen oft den Weg durch die Wüste gehen. Hier lassen sie die Sicherheiten ihres Lebens zurück und sind nur auf sich selbst und auf Gott angewiesen. Im letzten Kapitel haben wir diesen Weg mit dem Gang in den Keller verglichen.

Ob Tunnel, Nacht, Wüste oder Keller – die Bilder beschreiben denselben Vorgang. Die Stille ist ein Läuterungsprozess. Hier werden »die schönen Sachen« hinterfragt, die ich mir im Laufe der Zeit angeeignet habe, um mein Leben einigermaßen erträglich zu gestalten. In der Stille werde ich mit dunklen Erinnerungen konfrontiert, die ich längst verdrängt habe. Ich werde neu vor die Frage der eigenen Identität gestellt. Oder es wird manche Mauer als etwas brüchig entlarvt, die ich als Schutz um mich herum aufgerichtet habe. Vielleicht werde ich auch Gewohnheiten entdecken, die am Anfang den Alltag ein bisschen verschönern sollten. Dann aber führten sie zu einer Abhängigkeit, weil ich das Leben ohne sie als zu öde empfunden hätte. Oder ich werde eine Selbsteinschätzung oder eine Einstellung zu anderen finden, die mir als Brille dient und ohne die ich mir die Welt nicht mehr vorstellen kann, obwohl diese Brille die Realität verzerrt. Es kann eine Funktion, eine Rolle oder eine Karriere sein, die so sehr zum zentralen Lebensinhalt geworden ist, dass ihr Verlust kaum zu verkraften wäre.

Stille als Einladung

Wenn wir bei unserer Beschäftigung mit der Stille den Punkt erreichen, an dem wir merken, dass Grundsätzliches in unserem Leben hinterfragt wird, dann haben wir eine Art Weichenstellung erreicht. Wie der Weg weitergeht, muss natürlich jeder selbst entscheiden.

Ich kann mich zum Beispiel mit »ein bisschen Stille« zufriedengeben und damit die tieferen Fragen ignorieren. Wenn ich merke, dass mir die Geschwindigkeit des Lebens zu viel wird oder wenn ich von einem bestimmten Problem Abstand gewinnen will, kann ich die Stille benutzen, um »runterzukommen«. Ich genieße die kurze Pause und gehe mit neuer Energie in das Leben hinein. Vielleicht werde ich dadurch etwas mehr Kraft für den Alltag haben, aber es wird sich in meinem Leben nichts Wesentliches ändern. Die Zeiten der Stille werden mir immer wie kleine Inseln vorkommen, die im Gegensatz zu dem stehen, was meinen Alltag ausmacht.

Oder ich kann die Stille als eine Einladung verstehen. Anstatt auszuweichen oder aufzugeben, wenn sie schwer wird, kann ich mich weiter auf sie einlassen. Sie wird dadurch nicht leichter, denn in der Stille werden nach und nach meine Illusionen über mich und andere aufgedeckt. Aber wenn ich weiter in sie hineinhöre, werde ich Fragen vernehmen, die mich zu einer ganz neuen Art zu leben herausfordern: Brauchst du wirklich die Mauern, die du dir zum Schutz um dich herum aufgebaut hast? Willst du nicht lernen, die Krücken beiseite zu legen und ohne Stützhilfe zu gehen?

Wie ich auf diese Einladung reagiere, ist eine Frage des Vertrauens. Wenn alle Stützen weg sind, was hält mich dann? Wenn ich auf Krücken verzichte, wie kann ich gehen? Wenn ich mich vor den Schattenseiten meines

Lebens nicht mehr drücke und den Mut aufbringe, in den Keller zu gehen, werde ich den Anblick der dunklen Gestalten ertragen können? Und wenn hinter der Stille doch nichts ist, kein fester Punkt, sondern nur ein lichtloser Abgrund, der nie enden will?

An dieser kritischen Stelle hilft mir keine pauschale Behauptung, dass es doch einen festen Punkt gibt oder dass Gott tatsächlich da ist. Hier muss jeder Mensch für sich selbst eine Antwort finden, indem er es riskiert, in die Tiefe zu gehen. Es gibt keine Sicherheiten oder Garantien, denn die Sicherheit kann nur durch einen Schritt des Vertrauens zustande kommen. Bevor ich schwimmen konnte, hatte ich von gutmeinenden Menschen gehört, dass das Wasser trägt. Diese allgemeine Feststellung half mir nicht bei dem eigentlichen Hindernis, nämlich dass ich zum Schwimmen *beide* Beine benötigte. Das eine, das ich immer als sichere Stütze nach unten benutzte, stand mir dabei nur im Wege!

Der Nullpunkt, der mich hält

Und jetzt kann ich nur als einer schreiben, der dabei ist, beides mühsam zu erlernen – das Schwimmen und das Vertrauen in der Stille! In einer bestimmten Phase meines eigenen Lebens, als das Festhalten an Aktivitäten und falschen Einstellungen mich bis an den Rand der Erschöpfung geführt hatte, traf ich die Entscheidung, mich auf die Stille einzulassen. Ich wollte für mich selbst herausfinden, ob darin etwas sei, was mich trägt. In dieser Zeit habe ich Verschiedenes erlebt. Oft war mir so, als stünde ich vor dem Nichts und alles Gerede von einem Gott, der mich in seinen Händen hält, klang für mich sehr hohl. Ich sah zunächst nur die Dunkelheit und keine Spur von einem Licht am Ende des Tunnels. Doch einmal, in einer Nacht, in der ich keinen festen Boden mehr unter den Füßen verspürte und in einen Abgrund zu fallen schien, war es mir, als würde Gott sehr persönlich zu mir sprechen und meinen Namen nennen. Obwohl die Dunkelheit dadurch nicht beendet war, bekam ich nach und nach den Eindruck, dass ich darin nicht allein war. In der Stille war jemand da, der mich trug.

Auch diese Zeilen vermitteln eine Sicherheit, die missverständlich ist. Es ist nicht so, dass ich jetzt ohne weiteres vertrauen kann. Jeder Schritt ist eine neue Herausforderung und jedes Loslassen ein neues Risiko. Ich kann auch nicht von heute auf morgen auf alle Stützen verzichten, um das absolute Vertrauen zu erlernen. Vertrauen, wie die Stille, ist ein langer Weg. Doch jedesmal, wenn ich etwas riskiere und dabei feststelle, dass ich nicht ins Endlose falle, wächst eine Sicherheit in mir, die mir bei der nächsten Herausforderung helfen kann. Dann verstehe ich Fräulein Smilla besser, wenn sie behauptet: »Das kann ich, weil ich weiß, dass im Tunnel, unter den Rädern, zwischen den Schwellen, ein kleiner Lichtpunkt ist.«

Wie der kleine Lichtpunkt aussieht, wird von jedem unterschiedlich erlebt werden, genauso wie jeder seine persönlichen Vertrauensschritte wagen muss. Der gemeinsame Nenner bei all diesen unterschiedlichen Erfahrungen besteht jedoch darin, dass der Weg in die Stille mich zu einer Art »Nullpunkt« führt. Gleichzeitig zeigt er mir, dass dieser Punkt etwas Felsenfestes ist, worauf ich stehen und bauen kann.

Deswegen steht ein Nullpunkt an der zentralsten Stelle des christlichen Glaubens, und zwar in der Form eines Kreuzes. Genau dort, wo jede Hoffnung zu Ende und jedes Licht erloschen zu sein scheint, öffnet sich ein ganz neuer Weg, der zum Leben führt. Durch die Jahrtausende hindurch haben Menschen festgestellt, dass die Stille letztlich keine Leere verbirgt, sondern von der Gegenwart eines Gottes durchdrungen ist, der zu ihnen steht und sie trägt, wenn sie ihm vertrauen.

Negative Gottesbilder

Wenn ich nicht zurückweiche, sondern den Weg in die Stille weitergehe, kann ich für mich persönlich entdecken, was ein solches Vertrauen auf Gott bedeutet. Allerdings besteht an dieser Stelle für viele von uns ein Problem darin, dass wir mit einseitigen Gottesbildern vorbelastet sind, die die Schattenseiten der Stille eher verstärken als auflösen. Die dunklen Gestalten, denen wir im letzten Kapitel begegneten, werden oft durch Vorstellungen von Gott, die wir durch die Erziehung oder durch eine bestimmte christliche Prägung bekommen haben, noch weiter verstärkt. So empfinden nicht wenige Menschen in erster Linie Gott als einen, der Angst macht. Wenn sie Gott als ein übermächtiges, fernes Wesen empfinden, wird diese Vorstellung ihre Ängste vor dem Unbekannten nicht abbauen, sondern vergrößern. Wenn bei ihnen der gerechte, strafende Gott im Vordergrund steht, werden sie bestimmte Gefühle gar nicht zulassen können; Aggression, Frustration oder Trauer werden demzufolge als »nichtchristlich« abgelehnt und verdrängt. Wer immer wieder nur gehört hat, dass das »Ich« sterben muss, bevor man Christ werden kann, wird dadurch noch größere Probleme mit der Frage nach der Identität haben. Vielleicht kommt sogar der Name Gottes in seinen oder ihren negativ prägenden Leitsätzen vor: »Pass auf, was du tust, sonst könnte

Gott dich bestrafen!« oder »Du kannst nie genug tun, um Gott zu gefallen.« Schließlich wird die Angst vor dem Tod noch viel beträchtlicher bei den Menschen sein, die in Predigten immer wieder aufgefordert wurden, Jesus Christus anzunehmen, um nicht in die Hölle zu kommen.

In der Begegnung mit Gott in der Stille werden wir wie Elia lernen, falsche oder einseitige Bilder loszulassen. Es hilft schon, wenn wir darüber nachdenken, wie wir uns Gott bisher vorgestellt haben, und uns dann die Frage stellen, ob solche Vorstellungen ein Vertrauen zu Gott fördern oder blockieren. Sicherlich wird es nicht möglich sein, von heute auf morgen die »falschen« Bilder durch »richtige« zu ersetzen; aber wir werden die Stille als einen Lernprozess schätzen lernen, bei dem unsere Augen für bis dahin kaum wahrgenommene Eigenschaften Gottes geöffnet werden.

Anstatt eine Übung für die Stille am Ende dieses Kapitels anzubieten, möchte ich zu zwei meditativen Gedankengängen einladen, die sich mit dem Namen Gottes beschäftigen. Sie sollen uns helfen, die eigenen Gottesbilder zu überprüfen und uns für eine neue Begegnung mit ihm zu öffnen. Außerdem können sie zeigen, wie die Stille zu einem wachsenden Vertrauen zu Gott hinführt, das einer direkten Konfrontation mit den dunklen Gestalten und Gefühlen nicht ausweicht, sondern vielmehr dadurch beginnt, sie allmählich zu überwinden. Der Sinn der zwei Meditationen liegt nicht darin, eine intellektuelle Antwort auf die Ängste und Fragen des letzten Kapitels zu geben. Wer sich verletzt hat und mit einer Muskelzerrung den Arzt aufsucht, bekommt meistens eine Salbe, die den Schmerz lindert und den Heilungsprozess beschleunigt. Wenn wir in der Stille langsam anfangen, die wunden Stellen in unserem Leben deutlicher wahrzunehmen, können wir die Besinnung auf das Wesen Gottes auch wie eine solche Salbe auf unsere Wunden und Verletzungen wirken lassen.

Erste Meditation: »Ich bin, der ich bin«

Als Ausgangspunkt für eine Zeit der Stille nehme ich einen der ältesten Berichte einer Gottesbegegnung im Alten Testament – die Geschichte von Mose und dem brennenden Dornbusch. Als Mose nach dem Namen dessen fragt, der ihm dort erscheint, bekommt er als rätselhafte Antwort: »Ich bin, der ich bin. So sollst du zu den Israeliten sagen – der ›Ich bin‹ hat mich zu euch gesandt« (2 Mos 3,14). Weil die hebräische Sprache nicht zwischen Präsens und Futurum unterscheidet, wird in der Lutherbibel mit »Ich werde sein, der ich sein werde« übersetzt, aber hier wähle ich bewusst die Gegenwartsform. Ich spreche diesen Namen Gottes laut in die Stille hinein und lasse ihn in dem darauffolgenden Schweigen auf mich wirken. Ich mache mir bewusst, wer dieser Gott ist, der sich so vorstellt. Gott, der Schöpfer des Universums, ist derjenige, der die ganze Welt von außen umfasst, aber gleichzeitig die Mitte aller Dinge bildet. Er hält die ganze Welt in seiner Hand, aber er ist auch der Punkt, von dem alles ausgeht. Dieser Gott bezeichnet sich mit dem Namen »Ich bin«. Derselbe Gott hat mich als Mensch nach seinem Ebenbild geschaffen, und das bedeutet: In der Mitte meiner Person, die zahlreiche Bereiche, Aktivitäten, Eigenschaften und Funktionen einschließt, befindet sich auch etwas von demselben »Ich bin«.

Die Frage nach der eigenen Identität, die hinter meiner Angst vor der Stille lauerte und mit der wir uns im letzten Kapitel beschäftigt haben, wird dadurch ganz am

Anfang der Bibel von einer ungewöhnlichen Seite beleuchtet. Meine Identität, mein »Ich bin«, und das »Ich bin« Gottes haben etwas miteinander zu tun. Da wir als Menschen nicht mehr in der ursprünglichen Nähe zu Gott leben, ist das »Ich bin« mit der Zeit zugeschüttet oder verzerrt worden. Ich habe mich von meinem Ursprung und dadurch auch von meiner Identität entfernt. Ich habe versucht, die ursprüngliche Mitte mit Teilbereichen des Lebens zu ersetzen und festgestellt, dass sie nicht halten. Wenn ich still werde, öffne ich mich für eine Begegnung mit Gott, der außerhalb meines Lebens steht, aber zugleich für den Gott, der in mir ist, der mich bei meinem Namen ruft und es mir dadurch ermöglicht, »Ich bin« zu sagen.

So kann ich nun meine Identität mit dem Satz »Ich bin ...« und mit meinem Namen in der Stille einmal laut aussprechen. Ich versuche nicht alles zu verstehen, sondern mache mir lediglich bewusst, dass die Wirklichkeit Gottes und die Frage nach meiner Identität sehr eng miteinander verbunden sind. Ich brauche vor den unbekannten Gestalten meines Unterbewusstseins keine Angst zu haben und ich muss mich auch nicht davor fürchten, dass mein Leben auseinanderfällt und ich meine Identität verliere; denn noch unter den Tiefen, an dem »Nullpunkt« oder Mittelpunkt meines Lebens, spricht Gott meinen Namen und hält mich zusammen.

Zweite Meditation: »Der Gott, der genügt«

Ein anderer Name für Gott, der in der Bibel an mehr als sechzig Stellen erwähnt wird, ist das hebräische El Schaddai. Der eigentliche Ursprung dieses Namens ist schwer auszumachen, und deswegen weisen die meisten Theologen auf unterschiedliche Interpretationsmöglichkeiten hin. Eine alte rabbinische Tradition übersetzt El Schaddai als »der Gott, der genügt«. So würde die Anrede Gottes an Abraham in 1 Mos 17,1 lauten: »Ich bin der Gott, der genügt; wandle vor mir und sei ganz.« Als Paulus über ein Jahrtausend später sich danach sehnt, von dem ihm gegebenen »Pfahl im Fleisch« befreit zu werden, klingt in der Antwort Gottes diese Bedeutung des alten hebräischen Namens nach: »Lass dir an meiner Gnade genügen« (2 Kor 12,9). Der Gott, der genug ist, macht ihm dadurch deutlich, dass er sich selber aufgrund der Zuwendung Gottes genug sein kann. Derselbe Zuspruch kann auch für mich heute gelten. Lebensinhalte, die mir fehlen, brauche ich dann nicht außerhalb von mir zu suchen, weil durch die Gnade Gottes alles in mir ist. Vor allem kann ich es mir leisten, meinen Gefühlen des Verletztseins, der Aggression, der Bitterkeit und der Eifersucht und meinen Sehnsüchten nach Liebe und Zuneigung ins Auge zu schauen, anstatt sie zu verdrängen.

Wie bei unserem ersten Beispiel kann ich den alten Namen Gottes in die Stille sprechen: »Gott ist genug«. Danach sage ich laut den Satz: »Ich kann mir selber genug sein« und mache mir bewusst, dass die beiden Sätze wieder in einem engen Verhältnis zueinander stehen. Sie erinnern mich daran, dass ich den Antrieb für mein Leben nirgendwo anders suchen muss als in der Gnade Gottes. Wenn ich dann diese Worte auf mich wirken lasse und sie verinnerliche, öffne ich den Weg dafür, dass die negativen Leitsätze aus dem letzten Kapitel neu geschrieben werden können. Wenn Gott genug ist, kann es nicht mehr heißen: »Du schaffst es nicht« oder »Du bist nichts wert«, sondern in der Stille versuche ich hinzuhören, welchen neuen Leitsatz Gott gerade für mich spricht – in meiner übertriebenen Ängstlichkeit, in meinem mangelnden Selbstvertrauen, aber auch vielleicht in meiner Überheblichkeit. Ich halte diesen Satz fest und erinnere mich regelmäßig daran in meinen Zeiten der Stille. Zu dieser Besinnung passen sehr gut die Zeilen aus dem alten geistlichen Lied von Johann Sebastian Bach (Text von J. H.Till):

> Ich halte treulich still und liebe meinen Gott,
> ob mich schon öftermals drückt Kummer,
> Angst und Not.
> Ich bin in Gott vergnügt und halt geduldig aus;
> Gott ist mein Schutz und Schirm um mich
> und um mein Haus.[11]

Solche Meditationen können eine Begegnung mit Gott nicht herbeiführen; und (wie beim Schwimmen) Berichte oder Gedanken von anderen, ob sie in der Bibel stehen oder aus der langen Geschichte der Christenheit stammen, können meine eigenen Vertrauensschritte nicht ersetzen. Sie zeigen aber, wie Vertrauen aussehen kann. Sie helfen mir, die Gottesbilder zu korrigieren, die meine Ängste und Unsicherheiten verstärkt haben und öffnen meine Augen für einen Gott, der nicht gegen mich, sondern tief in mir als mein Freund und Verbündeter gegenwärtig ist, der mit mir zusammen an den wunden Stellen meines Lebens arbeitet, um einen Heilungsprozess zu beginnen. Wenn ich der Stille nicht ausweiche, sondern diesem Gott vertraue, wird er mich Schritt für Schritt weiterführen, damit ich immer mehr von der einmaligen Identität und Fülle entdecke, die er als der große »Ich bin« und »der Gott, der genügt« in mich hineingelegt hat.

---

[11] Johann Sebastian Bach, *Geistliche Lieder und Arien*, Edition Breitkopf, S. 34

III. Der Stille Raum geben

Kapitel 7

Meine Seele ist stille zu dir

> Die Seele nährt sich von dem,
> an dem sie sich freut.
>
> Augustin

Wie oft wird mein Lebensgefühl durch einen Raum beeinflusst. Wenn ich in einem kleinen vollen Wartezimmer beim Arzt lange warten muss, fühle ich mich eingeengt und freue mich darauf, nachher über die offenen Wiesen spazierenzugehen und frische Luft einzuatmen. Wenn ich aber bei einem Wanderurlaub stundenlang durch eine weite Moorlandschaft gehe und auch noch gegen den Wind kämpfen muss, freue ich mich genau so sehr darauf, abends in einer kleinen Stube vor dem Kamin sitzen zu können. Beide »Räume« brauchen wir für unser Leben – die Freiheit der Weite, aber auch einen Ort der Geborgenheit.

Und doch bleibt »Raum« nicht nur eine Frage des Äußeren. Wir erleben zum Beispiel Menschen, die uns in unserem Lebensgefühl einengen; wir können uns in ihrer Gegenwart kaum entfalten, weil sie uns mit ihren Problemen oder einfach mit der Kraft ihres Selbstbewusstseins bedrängen und uns keinen Raum geben. Nach einer solchen Begegnung empfinden wir eine starke Sehnsucht nach »Raum«, nicht unbedingt im geografischen Sinne, sondern einfach danach, so zu sein, wie wir es wollen. Es begegnen uns aber auch gelegentlich Personen, die ein »weites Herz« haben; in ihrer Gesellschaft fühlen wir uns nicht nur wohl, sondern ihre Weite macht uns Mut, Grenzen zu überwinden, die uns bisher zurückhielten.

Der Raum in mir

Raum ist also auch eine innere Angelegenheit; wir können uns einerseits durch Menschen oder Situationen eingeengt fühlen, oder wir erleben andererseits Phasen, in denen wir uns innerlich frei und beweglich vorkommen. Aus dieser Erfahrung heraus sind viele zu der Überzeugung gekommen, dass wir eine Art »Innenraum« haben. Der Schweizer Christ und Therapeut Paul Tournier sprach von einem »lieu«, einem Ort der Geborgenheit, nach dem wir uns alle sehnen; der französische Philosoph Blaise Pascal behauptete, dass sich in jedem Menschen ein leerer Raum befindet, in den nur Gott hineinpasst; ein bekanntes christliches Lied deutet auch auf diese innere Landschaft hin:

> Herr, deine Liebe ist wie Gras und Ufer,
> wie Wind und Weite und wie ein Zuhaus.

Der Ort, von dem ich schreibe, ist letztendlich unabhängig von den äußeren Verhältnissen, denn auch dann, wenn wir äußerlich heimatlos sind, kann er als ein festes Zuhause empfunden werden.

Für die nächste Übung brauche ich zwischen 20 und 30 Minuten und einen ruhigen Ort. Dabei ist es hilfreich, die Anweisungen zuerst durchzulesen, sich die Schritte zu merken und dann das Buch beiseite zu legen.

Diesmal gehe ich mit meinen abschweifenden Gedanken etwas systematischer vor, indem ich mir schon am Anfang der Übung bewusst mache, welche Themen mich zurzeit in meinem Leben beschäftigen – zum Beispiel ein Problem in einer Beziehung, in der Familie oder Gemeinde, etwas, was mich beruflich belastet oder die Sorge um meine Gesundheit oder Finanzen. Ich stelle mir vor, für jeden Themenbereich befindet sich in meiner Nähe ein passender Behälter (eine Tasche, ein Topf, oder für größere Sorgen vielleicht eine Tonne!) und die Gedanken um das Thema lege ich dort hinein. Ein Behälter für »Verschiedenes« wäre auch eine gute Idee. Ich mache mir klar, dass ich in den nächsten Minuten an meinen Lebensthemen wohl kaum etwas ändern werde; also schadet es nicht, wenn ich mich eine kurze Weile mit ihnen nicht beschäftige.

Ich nehme den Abstand zwischen mir und den Themen wahr und nutze die Gelegenheit, für ein paar Minuten einen eigenen unbelasteten Raum zu spüren. Jedes Mal während der Übung, wenn mir Gedanken zu dem einen oder anderen Bereich in den Kopf kommen, lege ich sie freundlich und geduldig in ihren Behälter hinein. Bei manchen hartnäckigen Gedanken hilft es, den Behälter mit einem Deckel fest zuzuschrauben. Wie fühlt sich mein Raum an …?

Um das eigene Raumgefühl zu stärken, achte ich auf den Rhythmus meines Ein- und Ausatmens. Beim Einatmen merke ich wie die Luft durch die Nase aufgenommen wird, wie sie den Weg durch meinen Hals in den Brustkorb findet. Ich brauche an meinem Atem nichts zu ändern, nur auf das zu achten, was sowieso die ganze Zeit ohne mein Zutun geschieht. Beim nächsten Atemzug nehme ich den Raum war, der sich beim Einatmen in meinem Oberkörper dehnt und beim Ausatmen wieder kleiner wird. Vielleicht merke ich eine leichte Dehnung weiter unten im Bereich des Zwerchfells. So wie ich den Atemraum spüre, so ähnlich kann ich den Innenraum meiner Seele wahrnehmen....

Wenn ich diesen Raum in mir mit einer Landschaft vergleiche, wie könnte sie aussehen? Wie weit ist sie und wie hell? Besteht sie aus Bergen, Seen oder Ebenen? Wenn mir die Vorstellung einer Landschaft nicht zuspricht, kann ich meinen Raum mit einem schönen Innenraum, zum Beispiel mit einer Kathedrale, vergleichen. Ich verweile noch ein paar Minuten in diesem Raum und schaue, was da noch alles zu entdecken ist ..... Wie ist es, von diesem Raum aus auf die Behälter mit meinen Themen zu blicken?

Dieser Raum ist das, was im Epheserbrief als der »inwendige Mensch« bezeichnet wird (Eph 3,16). Und an die Gemeinde in Korinth schreibt Paulus: »Wenn auch unser äußerer Mensch verfällt, so wird der innere von Tag zu Tag erneuert« (2 Kor 4,16). An anderen Stellen in der Bibel wird auf ähnliche Art und Weise von der »Seele« gesprochen. Ob wir den Begriff »Innenraum«, »innerer Mensch« oder »Seele« verwenden, ist zweitrangig. Viel wichtiger ist für uns zuerst die Frage, wie wir den Innenraum der Seele erleben, ob wir ihn pflegen oder ob er verkümmert.

Wenn ich ihn vernachlässige, werde ich früher oder später zu der Erkenntnis kommen, dass ein wesentliches Fundament meines Lebens nicht vorhanden ist. Vor einigen Jahren ist in unserer Nähe eine wichtige Verkehrsstraße mitten in der Nacht plötzlich eingestürzt. Keiner wurde verletzt, aber eine breite Strecke der Straße ist auf einmal ein paar Meter tiefer gesunken; die Straße musste tagelang gesperrt werden, um den Schaden zu beseitigen. Was war passiert? Eine undichte Wasserleitung unter der Oberfläche der Straße hatte nach und nach den Unterbau weggespült. Tausende von Autofahrern haben jeden Tag diese Straße benutzt ohne etwas von dem gefährlichen Hohlraum unter sich zu ahnen. Ähnliches können wir mit der Seele erleben. Wir fahren Tag für Tag die bekannten Straßen, sind mit unseren Aktivitäten und Beziehungen voll beschäftigt und finden keine Zeit, um nach den Fundamenten unseres Lebens zu schauen. Die praktische Beschäftigung mit der Stille führt dazu, dass wir mit der eigenen Seele Bekanntschaft machen. Ich möchte in diesem Kapitel auf drei Möglichkeiten hinweisen, wie wir diese Bekanntschaft vertiefen und durch die Stille der Seele mehr Raum geben können.

1. Die Seele wieder »denken« können

Nachdem es lange Zeit entweder völlig verpönt war, von einer »Seele« zu reden oder sie in ein paar alten Redewendungen (»ein Herz und eine Seele«, »mit Leib und Seele«) gerade noch am Leben erhalten wurde, erlebte das Wort in den letzten zwanzig Jahren fast eine Wiedergeburt. Die Skepsis dem »Seelischen« gegenüber war gut begründet und leicht nachzuvollziehen. Die Beschäftigung mit hochgeistigen Themen hatte unsere Zivilisation vor der Grausamkeit zweier Weltkriege nicht bewahrt; viele meinen sogar, dass eine idealistische Philosophie, die die materiellen Gegebenheiten des Lebens nicht genügend berücksichtigte, den Weg in eine faschistische Diktatur ebnete. »Was sind das für Zeiten«, schrieb Bertolt Brecht, »wo ein Gespräch über Bäume fast ein Verbrechen ist, weil es ein Schweigen über so viele Untaten einschließt!«[12] Nach dem Krieg stand die materielle Seite des Lebens im Vordergrund, zuerst durch den Wiederaufbau, aber dann auch auf etwas andere Art durch die Studentenbewegung und die politischen Proteste der sechziger und siebziger Jahre. Begriffe wie Seele oder Geist waren für eine Kultur der nackten Tatsachen, der harten Arbeit, des materiellen Wohlstandes und der marxistisch geprägten politischen Analyse unfassbar, schwer zu definieren und von daher suspekt.

Auch unter Christen trat die Seele in den Hintergrund. Die sachliche Theologie eines Karl Barth, der Gott als den »ganz Anderen« sah und radikal zwischen einer göttlichen und irdischen Wirklichkeit trennte, schien für die Welt des zwanzigsten Jahrhunderts ein besseres Fundament zu bilden als die Werte der alten liberalen Theologie, die dahin tendierte, das Menschliche zum Göttlichen zu erheben. Jeder Versuch, im Menschen einen göttlichen Ansatz zu finden, wie zum Beispiel in der Seele, stieß jetzt auf großes Misstrauen, denn die Erfahrungen der Kriege und der Konzentrationslager hatten zu einer großen Ernüchterung geführt. Dazu kam auch eine Abgrenzung gegen die Auffassung von der Unsterblichkeit der Seele, wie sie von Platon vertreten wurde und die oft das christliche Denken in der Vergangenheit prägte. Mit Recht wurde festgestellt, dass die Verfasser der Bibel keine Trennung zwischen Körper und Seele sahen, sondern häufig sogar das Wort Seele als Synonym für den ganzen Menschen benutzten.

---

[12] Bertolt Brecht, *Ausgewählte Gedichte*. Frankfurt 1967, S. 56f.

Wie immer bleiben solche Ideen und Überlegungen nicht in der akademischen Welt der Theologen. Früher oder später sickern sie durch, bis sie auch im Bewusstsein des »normalen« Christen Platz finden. So haben viele – vielleicht weitgehend unbewusst – ein Verständnis des christlichen Glaubens angenommen, in dem die Seele nicht viel Raum hat. Wenn sie zum Beispiel anderen Menschen den Weg zum christlichen Glauben erklären, fangen sie mit der Feststellung an, dass der Mensch sich von Gott getrennt hat und deswegen über nichts in sich verfügt, wie zum Beispiel die Seele, die ihn mit Gott verbinden könnte. Die Entfernung zwischen Gott und Mensch wird durch Jesus Christus überbrückt, der vom Himmel herunter auf diese Erde kommt. Hier kommt Gott von außen; wir können ihn dann in unser Leben hineinlassen oder uns ihm gegenüber weiterhin verschließen. Wer Jesus Christus in sein Leben hineinlässt, bekommt den Heiligen Geist, und durch die Anwesenheit des Geistes (nicht durch die unsterbliche Seele) hat er die Gewissheit des Lebens nach dem Tod. Dies ist die zusammengefasste Form einer christlichen Heilstheologie, die unter vielen evangelischen Christen weite Verbreitung gefunden hat. Ich nenne sie das »externe« Heilsbild und finde viele Ansätze im Neuen Testament, die ein solches Verständnis unterstreichen. Aber wenn das »externe« Bild allein unsere Auffassung des Glaubens ausmacht, wird es recht einseitig, weil es die Realität der Seele weitgehend ausklammert. Deswegen muss es durch ein »internes Heilsbild« ergänzt oder korrigiert werden.

Nach dieser Auffassung wurde der Mensch als Ebenbild Gottes geschaffen. In der Mitte unseres Lebens ist ein Ort, die Seele, wo Gott zu uns redet. Im Laufe der Zeit wird diese Mitte von vielen Dingen zugeschüttet. Durch diese Trennung von unserem Ursprung, die die

Bibel als Sünde bezeichnet, verlieren wir den Zugang zur Seele. Jesus kommt nicht nur als Vertreter der Gottheit von oben herab, sondern er ist auch das wiederhergestellte Ebenbild Gottes, wahrer Mensch und wahrer Gott. Durch seine Gnade ist es möglich, die Schicht der Sünde in uns zu durchbrechen und wieder Zugang zu unserem Innersten zu finden, zu dem, was uns als Menschen wirklich ausmacht. So können wir beten, dass wir in unserem inwendigen Menschen stark werden und dass »Christus in uns Gestalt gewinnt« (Gal 4,19). Im großen Ganzen hat die Seele in der Bibel eine doppelte Ausrichtung: Sie ist der Ort, an dem Gott zu uns redet, und sie ist auch die Mitte, die unser ganzes Leben zusammenhält.

Jeder Versuch, unsere Erfahrung von Gott in ein System zu pressen, ist wie die Quadratur eines Kreises, denn Gott können wir nicht in Worte fassen. Deswegen benutzt die biblische Offenbarung vorwiegend Bilder – wie zum Beispiel Heil oder Versöhnung –, um die Bedeutung von Jesus zu erklären. Dennoch, auch wenn diese Bilder nicht als genaue Definitionen gemeint sind, bleibt es trotzdem wichtig, dass unsere Bilder des Glaubens ausgewogen und nicht einseitig werden. Deswegen dürfen wir das interne Heilsbild und die Realität der Seele nicht ausklammern. Weder Gott noch die Seele können wir exakt beschreiben; wir können nicht sagen, dass Gott sich an einem bestimmten Ort im Weltraum aufhält, und wir sollten nicht behaupten, dass die Seele sich an einem bestimmten Teil unseres Körpers befindet! Trotzdem können wir beide Realitäten »denken« und nur wenn sie in unserem Denken einen Platz haben, werden wir in der Lage sein, sie auch zu erleben.

Am Anfang dieses Kapitels habe ich den Innenraum der Seele als ein Zuhause beschrieben, das auch dann bestehen kann, wenn unsere äußerlichen Verhältnisse schwierig sind. Selbstverständlich ist ein Zuhause dazu da, dass ich darin wohne. Wenn ich ein Zuhause habe, werde ich dort viel Zeit verbringen wollen; ich werde es pflegen, ausbauen und so gestalten, dass ich dort entweder allein oder mit anderen schöne Stunden verbringen kann. Wenn ich häufig unterwegs bin, wird das Zuhause unter meiner Abwesenheit leiden; niemand wird dort heizen oder aufräumen, und wenn ich nur selten dort auftauche, werde ich mir ein wenig wie ein Fremder vorkommen. Viele von uns fühlen sich der eigenen Seele gegenüber als Fremde, weil wir so wenig Zeit in diesem Zuhause verbringen. Wenn ich in die Stille gehe, mache ich Bekanntschaft mit der eigenen Seele; ich lerne es, diese Mitte meines Lebens zu entdecken, und begreife langsam, was es bedeutet, darin zu wohnen. In der Stille gehen mir die Augen dafür auf, dass ich die meiste Zeit meines Lebens »auswärts« verbringe, dass ich außerhalb von meiner Mitte lebe und fast vergessen habe, wie mein inneres Zuhause aussieht. Warum ist das so? Weil die Seele in erster Linie in der Gegenwart erlebt werden kann und meine Gedanken sich vorwiegend in der Vergangenheit oder in der Zukunft aufhalten.

In seinem Buch »Von der Zeit, die mir gehört« schreibt Reinhard Deichgräber: »Es ist wirklich schön, wenn wir mit dem versöhnt sind, was eben jetzt ist. Dann sind wir ganz präsent, ganz kräftig und gleichzeitig ganz zufrieden.«[13] Der Barockdichter Andreas Gryphius hat

[13] Reinhard Deichgräber, *Von der Zeit, die mir gehört*, Göttingen 1990, S. 59

einen ähnlichen Gedanken in den folgenden vier Zeilen unter dem Titel »Betrachtung der Zeit« zusammengefasst:

Mein sind die Jahre nicht,
die mir die Zeit genommen.
Mein sind die Jahre nicht,
die etwa möchten kommen.
Der Augenblick ist mein, und nehme ich den in acht,
so ist der mein, der Jahr und Ewigkeit gemacht.[14]

Aber das, was in diesen wunderschönen Sätzen geschildert wird, lässt sich nicht leicht erreichen. Es ist alles andere als einfach, im Augenblick zu leben, denn wir sind mit der Vergangenheit und Zukunft oft so beschäftigt, dass wir zur Versöhnung mit der Gegenwart gar nicht kommen.

Die Vergangenheit: Das ist zunächst einmal alles, was ich in meinem Leben hätte besser machen können; es sind Zeiten, in denen ich versagt habe, Situationen oder Lebensphasen, die ich nicht voll ausgeschöpft habe, oder verpasste Chancen, die nie wiederkommen. Die Vergangenheit hat auch mit Bitterkeit denen gegenüber zu tun, die mich enttäuscht haben. Da sind meine Eltern, die mich falsch erzogen haben, oder Arbeitskollegen, die mich so ungerecht behandelten, dass ich ihnen nie vergeben kann. Dadurch wird mein Blick oft nach hinten gekehrt; die Vergangenheit hat mich im Griff und macht mich unfähig, in der Gegenwart zu leben. Wenn ich mit der Vergangenheit nicht versöhnt bin, brauche ich die Zukunft, um zu beweisen, dass ich es besser machen

[14] H. Cysarz (Hg.), *Deutsche Barocklyrik – Eine Auswahl*, Stuttgart 1965, S. 106

kann. »So etwas wird mir nicht noch einmal passieren«, sage ich mir und entwickle immer neue Pläne für Beziehungen oder Beruf, um die Fehler und Ungerechtigkeiten der Vergangenheit wiedergutzumachen. Ich kann in der Gegenwart nie richtig zur Ruhe kommen, denn ich bin mir selbst immer einen Schritt voraus. Als er nach dem Geheimnis seiner inneren Ruhe gefragt wurde, antwortete ein alter Mann: »Wenn ich sitze, sitze ich. Wenn ich stehe, stehe ich. Und wenn ich gehe, gehe ich.« »Das tue ich doch auch«, entgegnete der Fragende. »Nein« widersprach ihm der Alte. »Wenn du sitzt, stehst du schon. Wenn du stehst, gehst du schon. Und wenn du gehst, bist du schon am Ziel.«

»Ist jemand in Christus, so ist er eine neue Kreatur; das Alte ist vergangen, siehe, Neues ist geworden«, schreibt Paulus an die Gemeinde in Korinth. »Aber das alles von Gott, der uns mit sich selber versöhnt hat« (2 Kor 5,17-18). Die Versöhnung, von der hier die Rede ist, befreit uns von der Gefangenschaft in Vergangenheit und Zukunft. In der Stille kann ich meine Trauer, meine Bitterkeit und meine Schuldgefühle kommen lassen. Ich kann das Vergangene nicht ändern, aber durch die Vergebung Gottes kann ich es als ein Teil von mir annehmen; ich brauche nicht länger dagegen zu kämpfen und ich muss es auch nicht durch eine erhoffte Zukunft kompensieren. Ich kann beginnen, meine Kräfte, meine Gedanken und meine Wahrnehmung auf die Gegenwart zu konzentrieren. Weil ich auf diesem Weg mir selbst und meiner Umwelt präsent werde, öffnet sich meine Seele und ich komme immer öfter dazu, den Augenblick wirklich wahrzunehmen. So konnte Dietrich Bonhoeffer aufgrund der christlichen Versöhnung zur folgenden Erkenntnis kommen:

Es gibt einen Moment:
leben, als gäbe es keine Wünsche und keine Zukunft,
und ganz der sein, der man ist.

3. Exerzitien: Übungen für die Seele

Wenn wir etwas für unseren Körper tun wollen, bieten sich eine Reihe von Möglichkeiten an. Vielleicht fangen wir an Fußball oder Tennis zu spielen, damit der Körper mehr in Bewegung kommt; um die Muskeln zu trainieren, besuchen wir regelmäßig ein Fitnesszentrum oder werden Mitglied im Sportverein; oder wir nehmen an Kursen teil, um bestimmte Körperübungen kennenzulernen, die wir zu Hause ausführen können. Manchmal wird aus solch einer sportlichen Aktivität eine Art Entdeckungsreise, auf der wir Muskeln und Körperteile entdecken, von denen wir bis dahin nichts geahnt hatten!

Viele scheinen der Meinung zu sein, dass das seelische oder geistliche Leben nach ganz anderen Prinzipien funktioniert. Seltsamerweise sollen wir nach ihrer Ansicht in diesem Bereich nichts tun können, außer auf das Handeln Gottes zu warten. Sicherlich ist bei dieser Einstellung richtig, dass es nicht in unserer Kraft liegt, eine Gottesbegegnung mit Gewalt durch irgendwelche Übungen herbeizuführen. Trotzdem liegt es an uns, ob der Weg zu einer solchen Begegnung mit Gott vorbereitet ist oder nicht. Wie ich meine körperlichen Muskeln trainieren muss, um stark zu werden, so besteht auch die Möglichkeit, durch bestimmte Übungen die Seele für Gottes Einwirken zu öffnen.

Obwohl die Geschichte der evangelischen und der pietistischen Theologie auch solche methodischen Ansätze kennt, die den Zugang zur Seele vorbereiten sollen, haben sie in der katholischen Tradition einen festeren Platz. Hier werden sie beim lateinischen Namen für »Übungen« genannt: Exerzitien. Ignatius von Loyola, ein Zeitgenosse von Martin Luther, erlebte während seiner Genesung von einer Kriegsverletzung eine Bekehrung zu einem persönlichen Glauben an Jesus Christus und verfasste in der Zeit danach seine Exerzitien. Durch die Jahrhunderte haben sie eine große Verbreitung gefunden und genießen heute auf der ganzen Welt bei Christen verschiedenster Konfessionen eine wachsende Beliebtheit. Ignatius schreibt: »Denn so wie das Umhergehen, Wandern und Laufen leibliche Übungen sind, genauso nennt man geistliche Übungen jede Weise, die Seele darauf vorzubereiten und einzustellen, um alle ungeordneten Anhänglichkeiten von sich zu entfernen und nach ihrer Entfernung den göttlichen Willen in der Ordnung des eigenen Lebens zum Heil der Seele zu suchen und zu finden.«[15] Wie man bei diesem Zitat schon erkennt, ist Ignatius im Originaltext nicht immer leicht zu lesen! Dafür gibt es genug zeitgenössische deutschsprachige Autoren, wie zum Beispiel Willi Lambert oder Franz Jalics, die das Wesentliche an den Exerzitien praktisch und verständlich erklären.[16] Ich schließe dieses Kapitel mit zwei Übungen, die ihren Ursprung in den ignatianischen Exerzitien haben.

Die Seele ist die Mitte meines Lebens, die allzuoft in der Vielfalt der täglichen Aktivitäten untergeht. In der ersten Übung geht es darum, die Seele durch einen Tagesrückblick wieder ins Bewusstsein zu rufen. Was der Kopf

---

[15] Ignatius von Loyola, *Die Exerzitien*. Einsiedeln 2005, Exerzitienbuch I

[16] Franz Jalics, *Kontemplative Exerzitien: Eine Einführung in die kontemplative Lebenshaltung und in das Jesusgebet*, Würzburg 1994. Willi Lambert, *Das siebenfache Ja*, Würzburg 2004

manchmal ganz natürlich am Ende eines Tages macht, wenn wir uns ins Bett legen, nämlich einiges durchzukauen, was uns im Laufe des Tages passiert ist, wird hier als bewusste und zielgerichtete Übung durchgeführt.

Ich beginne mit einem kurzen Gebet, dass Gott mir den Weg zu meiner Seele öffnet. Dann denke ich über die Ereignisse des vergangenen Tages nach und widerstehe dabei der Versuchung, meine Handlungen zu beurteilen, ob in der Form des Lobes oder des Tadels. Stattdessen konzentriere ich mich auf meine Stimmungen und Gefühle in den vergangenen Stunden. Wie bin ich heute früh wach geworden, und was habe ich gefühlt, als ich in den Tag gestartet bin? Wie habe ich gefrühstückt? Was habe ich dabei erlebt? Welche Begegnungen oder Aufgaben haben mich heute Vormittag beschäftigt und wie ging es mir dabei? So kann ich auf dieser Art den Rest des Tages bis zum jetzigen Augenblick »nacherleben«.

Dann richte ich meine Aufmerksamkeit auf die Momente an diesem Tag, für die ich dankbar bin. Oder ich stelle mir die Frage: Wann habe ich heute so etwas wie Freude erlebt? Auch an den schlimmsten Tagen gibt es schöne Augenblicke, die ich mitten im Geschehen kaum wahrnehme. Vielleicht war es das Lächeln eines freundlichen Menschen, ein warmes Wort, der Schutz eines Baumes während eines Regenschauers. In der Stille danke ich Gott für diese Augenblicke. An dieser Stelle könnte ich die Übung beenden oder ich setze sie mit weiteren Schritten fort.

Ich frage mich, ob heute noch etwas da war, was beachtet werden möchte. Auch hier soll es nicht zur Selbstkritik kommen. Wo habe ich Traurigkeit empfunden? Wo habe ich mich aggressiv verhalten oder mich verletzt gefühlt? Von wem habe ich Liebe empfangen und an wen diese weitergegeben? Ich analysiere die Gefühle nicht, sondern ich betrachte sie bewusst in der Anwesenheit Gottes. Wenn ich versuche, alles zu erklären, bleibe ich in meinem engen Gedankengebäude und entdecke nichts Neues. Wenn ich das alles stehen lasse und vor Gott einfach still werde, kann er mir deutlich machen, wo ich am vergangenen Tag für seine Stimme und seine Gegenwart in meiner Seele offen war.

Als letzten Schritt richte ich meine Gedanken auf den Tag, der vor mir liegt. Ich bitte Gott um seine Hilfe, dass ich ihn aufmerksamer erlebe und etwas öfter »präsent« sein kann – offen für die Gegenwart Gottes, für andere Menschen und für meine Umwelt. Manchmal wird diese Übung »Das Gebet der liebenden Aufmerksamkeit« genannt.

Die ganze Übung sollte nicht länger als 15-20 Minuten dauern. Aber wenn wir sie täglich machen, werden wir nach einiger Zeit Veränderungen in uns feststellen. Schöne Augenblicke werden wir bewusster wahrnehmen; wir werden öfter von der Freude überrascht und unsere Beziehungen zu anderen Menschen werden weniger von Eile und Hektik und mehr von Tiefgang und Liebe geprägt. Wir dürfen dabei keine großen Wunder erwarten, aber ein allmähliches Öffnen der Seele für die vielen kleinen Wunder des täglichen Lebens.

Wenn die Seele der Ort ist, der unser ganzes Leben zusammenhält, dann gehört es zu ihrer Pflege, dass wir uns gelegentlich nicht nur über den Tagesablauf, sondern auch über den gesamten Ablauf unseres Lebens Gedanken machen. Die zweite Übung lautet »Ich schreibe meinen eigenen Nachruf« und klingt zunächst etwas deprimierend oder sogar makaber; dadurch kann ich aber herausfinden, was ich vom Leben wirklich will, und die Übung macht mir auch Mut, meine Lebensrichtung danach zu orientieren:

Ich stelle mir vor, dass ich 75 Jahre alt geworden bin und auf meinen eigenen Werdegang zurückschaue. (Wer dieses Alter schon erreicht hat, kann gern auf 90 oder 100 erhöhen!) Auf was für ein Leben möchte ich zurückschauen? Ich nehme nur eine DIN-A4-Seite und beschreibe rückblickend die äußerliche (Familie, Beruf etc.) und die innerliche (Charakter, geistliche Reife) Entwicklung meiner Biographie. Dabei sollte ich mich nicht anstrengen, realistisch oder bescheiden zu sein. Es geht nicht um die Befürchtungen, wie alles werden könnte, sondern vielmehr um meine Wunschvorstellungen. Auf diese Weise bekomme ich die Gelegenheit, meine tiefsten Wünsche für die Entfaltung meines Potentials zu formulieren.

Nachher lese ich die Seite durch und rede mit Gott darüber. Später kann ich meinen »Nachruf« gelegentlich (einmal im Jahr) herausholen und im Gespräch mit Gott darüber nachdenken, ob sich dadurch in meinem Leben etwas verändert hat – oder ob ich meinen Nachruf neu schreiben möchte!

Kapitel 8
Stille und der Körper

Der Körper ist der Übersetzer der Seele
ins Sichtbare.

CHRISTIAN MORGENSTERN

An einem warmen Juniabend vor ein paar Jahren war unser Wohnzimmer voller Gäste, die in einem großen Halbkreis saßen und alle in eine Richtung schauten. Im Fernsehen lief ein Fußballspiel zwischen Deutschland und England, und weil meine Familie für England schrie, aber die meisten unserer Gäste für Deutschland, erlebten wir alles andere als einen stillen Abend! Je mehr die Spannung stieg, desto schwieriger wurde es, ruhig zu sitzen. Bei jeder Torchance sprang jemand auf; einige rutschten hin und her auf dem Sessel; andere verließen das Zimmer, weil sie die Aufregung nicht aushalten konnten. Es ist eben so – wenn wir innerlich angespannt sind, wirkt sich die Unruhe auf unseren Körper aus. Deswegen ist es geradezu unmöglich, direkt vor einer mündlichen Prüfung eine meditative Körperhaltung einzunehmen oder am Bahnhof, beim Warten auf einen lang vermissten Freund, geduldig an einer Stelle stehen zu bleiben!

Wenn wir uns vornehmen, eine Viertelstunde in der »Stille« zu sitzen, werden wir eine ähnliche Erfahrung machen. Der Körper wehrt sich dagegen, stillzuhalten. Kleine Gewohnheiten, denen wir im Laufe des Tages kaum Beachtung schenken, machen sich jetzt bemerkbar, wie wir bei der Übung im ersten Kapitel schon sehen konnten. Wir kauen an den Fingernägeln, kratzen uns am Kopf, bohren in der Nase, wippen mit dem Stuhl oder unser Blick wandert unruhig durch das Zimmer, in dem wir gerade sitzen. Wir sollen nicht zu schnell dagegen kämpfen, denn es tut gut, diesen Prozess zuerst »in aller Ruhe« zu beobachten. Der Körper ist wie ein Spiegel meines inneren Zustandes und die Bewegungen, die mir automatisch am Anfang der Zeit der Stille kommen, haben mir vielleicht etwas Wichtiges zu sagen.

Äußerliche Unruhe kommt durch innere Anspannung und darin steckt nicht nur die Hektik der letzten paar Stunden. Seit unserer Kindheit haben wir uns gewisse Haltungen des Körpers wie auch bestimmte Bewegungen angeeignet, die zur Gewohnheit geworden sind. Wir haben irgendwann angefangen, mit Spannung im Körper auf eine Stress- oder Krisensituation zu reagieren und allmählich ist diese Reaktion zum gewohnten Muster geworden. Von daher kommt es, dass einige mit gebeugtem Kopf oder hochgezogenen Schultern durch die Welt gehen; andere strecken ihren Brustkorb nach vorne, als ob sie ihn als Schutzpanzer brauchen. Meistens merken wir gar nicht mehr, dass sich der Körper in ständiger Anspannung befindet, sondern wundern uns nur, wenn wir in der Stille nicht zur Ruhe kommen!

Um herauszufinden wie es bei mir »steht«, kann ich mich buchstäblich einmal beim Stehen betrachten und selber wahrnehmen, wie mein Körper sich verhält. Ich soll dabei nicht versuchen, »richtig« zu stehen, sondern ich nehme die Stehposition ein, die ich gewohnt bin. Ich mache mir bewusst, wie meine Füße den Boden berühren. Ist mein Gewicht mehr auf den Vorderteil meiner Füße oder eher auf die Fersen verlagert? Welche Seite trägt die größere Last, der linke Fuß oder der rechte? Ich beginne, mit meiner Stehhaltung zu experimentieren, indem ich bewusst mehr Gewicht nach links und dann nach rechts verlagere, nachher nach vorne und nach hinten. Nach einer Weile frage ich meinen Körper (nicht meinen Verstand), wo im Stehen eine gute Mitte wäre und probiere aus, wie sich der Kontakt zum Boden jetzt anfühlt.

Wie reagiert der Rest meines Körpers auf diesen neuen Stand? Überlasse ich dem Boden mein gesamtes Körpergewicht oder sind meine Knie durchgedrückt und die Beine verspannt? Noch im Stehen versuche ich die Stellen im Körper wahrzunehmen, die angespannt sind, und probiere aus, ob es möglich wäre, hier oder dort noch etwas loszulassen. »Mein Fuß steht fest auf rechtem Grund« lesen wir in Psalm 26,12. Wie ist es für mich jetzt so zu stehen? Und wie wäre es, in der Schlange an der Supermarktkasse oder in der heiklen Situation, die nächste Woche auf mich wartet, so zu stehen?

Immer wieder neigen wir dazu, die Konflikte und die Hektik, die wir im Beruf, in der Familie und auch in der Gemeinde erleben, irgendwo im Körper unterzubringen. Jeder hat seine »Lieblingsstelle«: Bei einem Menschen schlagen die Probleme sofort auf den Magen, ein anderer bekommt Nervenschmerzen im Nacken- oder Kopfbereich und ein dritter hat immer an seinem Rücken zu leiden. Vor allem aber kann uns das Atmen sehr viel Information über unsere Lebenseinstellung und gegenwärtigen Zustand offenbaren. Goethe hat einmal die wohltuende Wirkung des Atems in einem kurzen Gedicht zusammengefasst:

> Im Atemholen sind zweierlei Gnaden;
> die Luft einziehen, sich ihrer entladen;
> jenes bedrängt, dieses erfrischt:
> so wunderbar ist das Leben gemischt.
> Du danke Gott, wenn er dich presst,
> und danke ihm, wenn er dich wieder entlässt.[17]

Sind die zweierlei Gnaden bei mir in einem ausgewogenen Verhältnis zueinander? Spüre ich, wenn ich mich auf den Rücken lege und zur Ruhe kommen möchte, ein regelmäßiges Einziehen und Entladen der Luft? Oder bin ich vielleicht etwas kurzatmig, weil ich die Luft staue, die ich ausatmen soll? Dies ist oft ein Zeichen dafür, dass ich im Alltag auch Emotionen staue und dass ich Probleme »in mich hineinfresse«. Nach Goethe liegt nicht im Einatmen, sondern im richtigen Ausatmen die Erfrischung; häufig kommt unsere Anspannung und Erschöpfung von daher, dass wir dies nicht genügend berücksichtigen.

---

[17] Johann Wolfgang von Goethe, *Werke in zwölf Bänden*, Berlin und Weimar 1968, Bd.II, S. 12

Vielleicht erscheint es uns als etwas ungewöhnlich, sich so mit dem eigenen Körper zu beschäftigen und wir spüren sogar eine gewisse innere Abwehr an dieser Stelle. Eine solche Reaktion kann unterschiedliche Gründe haben. Ich kenne Menschen, die fast eine Abneigung zum eigenen Körper haben, weil sie schon in der Schule oder später in der Jugend den Eindruck bekamen, dass er im Vergleich zum Körper ihrer Freunde nicht »schön genug« oder »stark genug« war. Irgendwann haben sie begonnen, den Körper als ein Anhängsel zu betrachten, das sie widerwillig mitschleppen müssen. Anderen fällt es verständlicherweise sehr schwer, die eigene Körperlichkeit anzunehmen, weil sie als Kinder oder Jugendliche Opfer von sexueller Misshandlung waren. Und dann kommt manchmal noch der Gedanke dazu, der tief im Bewusstsein vieler Christen liegt, dass das »Fleischliche« sowieso den Sitz der Sünde und die Ursache der Trennung von Gott darstellt.

Solche negativen Einstellungen führen schnell dazu, dass wir immer mehr aus dem Kopf leben und uns aus dem eigenen Körper zurückziehen. Wir nehmen ihn wahr, wenn er Schmerzen meldet und müssen ihn dulden, wenn wir krank sind; gelegentlich genießen wir ein schönes Essen (wenn wir nicht auch hier dem Kopf den Vorrang schenken und beim Essen ein Buch lesen!) oder sexuelle Empfindungen und Erfahrungen, aber auch dann manchmal mit einem schlechten Gewissen, dass das alles nicht so ganz richtig sei. Oft wissen wir nicht einmal über unsere Körperteile Bescheid, z.B. wo sich welche inneren Organe befinden! Wir besitzen unseren Körper, aber wir bewohnen ihn nicht. Im folgenden Text beschreiben Otto und Felicitas Betz wie wir im eigenen Körper wie Fremde geworden sind:

Ich möchte endlich den eigenen Körper bewohnen.
Mein Rücken ist mir fremd,
als gehöre er gar nicht mir.
Wie vertraut sind mir die Hüften und der Hals? ...

Ganze Zonen meiner Haut
sind entlegene Kontinente,
unerforschtes Gebiet.
Gehört das alles zu meinem Ich? ...

Bisher wohnte ich in engen Kammern,
die Fenster waren verhängt,
vor den Fluren und Sälen hatte ich Angst.
Es ist ein wohnliches Haus, das mir gewährt wurde.
Ich werde noch eine Weile brauchen,
bis ich alle Kammern vom Speicher
bis zum Keller entdecke.
Ich möchte endlich den eigenen Körper
bewohnen.[18]

Bei der Entdeckungsreise rund um den eigenen Körper kann die fachliche Begleitung eines anderen Menschen eine große Hilfe sein. Viele Gewohnheiten sind uns so vertraut, dass wir ihnen gegenüber blind geworden sind, während ein anderer Mensch uns mit anderen Augen sieht. Wer sich allein und ohne die notwendigen Kenntnisse bemüht, eine gesündere Körperhaltung einzuüben, kann auch manchmal unbewusst die falschen Gewohnheiten noch weiter verstärken. Systematische Körperübungsprogramme, aber auch eine Methode wie die Alexander-Technik, bieten einen sachlichen Weg an, ohne esoterische oder religiöse Attrappen, die Gewohnheiten des Körpers kennenzulernen und zu korrigieren. In mei-

[18] Otto und Felicitas Betz, *Tastende Gebete*, München 1978, S. 51

nem Buch »Wie der Glaube zum Körper findet« beschreibe ich mit praktischen Übungen, wie man mit der Hilfe der Focusing-Methode eine andere Beziehung zum eigenen Körper pflegt und neu entdeckt, was es bedeutet, unseren Körper als »Tempel des Heiligen Geistes« (1 Kor 6,19) zu erleben.[19]

Mit Leib und Seele

Wenn ich in die Stille gehe, nehme ich meinen Körper mit; ich lasse ihn nicht zurück, während ich in geistlichen Höhen schwebe. Leider haben Christen oft den leiblichen Aspekt des Glaubens stark vernachlässigt und zwischen einer körperlichen und einer geistlichen Welt unterschieden. Doch ist eine solche Trennung von Körper und Seele eher dem platonischen Einfluss zuzuschreiben, denn in der Bibel – ob im Alten oder im Neuen Testament – gehören die beiden eng zusammen. Gott schuf den Menschen in seiner ganzen Leiblichkeit als sein Ebenbild und war offensichtlich mit seiner Schöpfung sehr zufrieden: »Und Gott sah an alles, was er gemacht hatte, und siehe, es war sehr gut« (1 Mos 1,31). Auch der christliche Glaube im Neuen Testament ist von einer Leibfeindlichkeit weit entfernt; im Johannesevangelium steht sogar als Höhepunkt der göttlichen Offenbarung der Satz: »Und das Wort ward Fleisch und wohnte unter uns« (Joh 1,14).

Sehr häufig in den biblischen Schriften wird Gottes Zuwendung zu den Menschen durch Körperteile verdeutlicht. »Er stellte meine Füße auf einen Fels, dass ich sicher treten kann«, schreibt der Psalmist (Ps 40,3), aber anstatt

[19] Peter Lincoln, *Wie der Glaube zum Körper findet, Focusing als spiritueller Übungsweg*, Neukirchen-Vluyn 2007

diese Worte auch mit unserem Leib zu *verstehen,* übersetzen wir sie automatisch und unbewusst in eine geistlich-abstrakte Formulierung wie »Gott gibt meinem Leben Richtung und Sinn«. Es scheint mir dringend erforderlich, dass Christen die Körperlichkeit der biblischen Botschaft wiederentdecken und damit auch die Ganzheitlichkeit eines christlichen Glaubens, der Körper und Seele zusammenschaut. Oder, wie einer das etwas humorvoller formulierte: »2000 Jahre lang ist die Fleischwerdung Jesu verkündigt worden, heute ist es aber an der Zeit, mit der Fleischwerdung der Christen anzufangen!«

So müsste erstens das Bewusstsein dafür wachsen, dass das, was in mir innerlich vorgeht, sich in meinem Körper niederschlägt. Mit anderen Worten: Je mehr ich in Gott wirklich ein festes Fundament für mein Leben entdecke, desto deutlicher wird es sich auf mein körperliches Stehen und Gehen auswirken. Bei einem zunehmenden Gottvertrauen wird die ängstliche Anspannung immer weniger und mein Körper wird die wachsende innere Ausgeglichenheit widerspiegeln. Wenn ich mich einerseits zu dem Satz eines Psalms bekenne: »Du, Herr, bist der Schild für mich, du bist meine Ehre und hebst mein Haupt empor« (Ps 3,4), andererseits ständig mit gebeugtem Kopf umhergehe, als ob ich im nächsten Augenblick von einer vernichtenden göttlichen Strafe getroffen werden könnte, dann drücke ich unbewusst aus, dass ich in zwei getrennten Welten lebe. Es ist wie jemand, der gleichzeitig zittert und behauptet, dass er keine Angst hat! Aber der Glaube, dass Gott mich aufrichtet, gibt mir eine innere Würde, die durch meine aufrechte Kopfhaltung nach außen sichtbar wird. Ich behaupte keineswegs, dass eine solche Verwandlung von heute auf morgen geschieht; alte Gewohnheiten müssen in einem mühsamen Prozess abgebaut werden. Aber auf

Dauer wird eine echte innere Wandlung auch äußerlich bemerkbar.

Zweitens müsste umgekehrt das Bewusstsein dafür wachsen, dass eine äußerliche körperliche Bewegung meinen inneren Zustand beeinflussen kann. Diese Beobachtung können wir alle in ganz normalen Alltagssituationen nachvollziehen. Wenn ich niedergeschlagen bin und nach und nach eine gebückte Haltung einnehme, besteht die Möglichkeit, mit Hilfe meines Körpers die innere Stimmung ein Stück weit zu verändern. Ich brauche nur die Arme weit auseinanderzustrecken und meine Lungen tief mit Luft zu füllen und schon öffnet sich etwas in meinem inneren Bereich. Die Veränderung ist nicht spektakulär, aber durch die äußerliche Bewegung vollzieht sich eine kleine Kurskorrektur. Wenn ich vor einem schwierigen Gespräch mit meinem Vorgesetzten Angst habe, weil ich mir ihm gegenüber minderwertig vorkomme, hilft es schon, wenn ich tief einatme und mit erhobenem Haupt sein Büro betrete! Dies alles hat Konsequenzen für den Umgang mit meinem Körper in einer Zeit der Stille.

Beten mit dem Körper

Seit Jahrtausenden wissen Menschen, dass die Haltung des Körpers beim Gebet nicht nebensächlich ist. In der Bibel betet man im Knien, im Liegen, im Stehen, beim Tanzen und manchmal mit erhobenen Händen. Heutzutage stellen wir auch sehr unterschiedliche Formen fest, wenn wir die Gewohnheiten gläubiger Menschen beim Gebet anschauen. Jede Gebetshaltung bringt einen anderen Aspekt der Beziehung zu Gott zum Ausdruck und spiegelt einen bestimmten Frömmigkeitsstil wider. Ich beschränke mich hier nur auf die Unterschiede unter Christen. Einige ziehen es vor, im Knien zu beten und zeigen dabei, dass sie vor Gott demütig sind. Dabei entsteht aber manchmal der Eindruck, dass dieser Gott sehr weit weg von uns ist. In der evangelikalen Welt ist die Haltung weit verbreitet, die Adrian Plass etwas spöttisch als die »shampoo position« kennzeichnet – der Kopf zwischen den Händen nach vorne gebeugt, als würde man sich die Haare waschen wollen![20] Etwas positiver betrachtet, zeigt sich hier der Wille, sich zu konzentrieren und mögliche Ablenkungen auszuschalten. Bei anderen beobachte ich einen völlig entspannten Gebetsstil, als ob sie sich in ihrem Lieblingssessel zurücklehnen und mit ihrem besten Freund reden würden. Das zeigt zwar eine entspannte Vertrautheit gegenüber Gott, aber kann auch zu einer zu großen Bequemlichkeit führen.

Es ist gut, darüber nachzudenken, in welcher Position ich bete oder beten möchte. Wenn ich eine einseitige Einstellung vermeiden will, werde ich aus der reichen Vielfalt der Traditionen die Formen auswählen, die meinen Wünschen und meiner Frömmigkeit am meisten entsprechen. Außerdem kann ich mir die Freiheit nehmen, eigene Formen zu entwickeln. Wenn ich meine Zeit in der Stille alleine vor Gott verbringe, sind allerlei Experimente erlaubt; keiner guckt zu und ich bin der Überzeugung, dass Gott sich mit mir über die vielen Möglichkeiten meines eigenen Körpers freut! Es folgen drei Übungsvorschläge, die wir beliebig variieren oder weiterentwickeln können. Der erste Vorschlag ist ein Beispiel dafür, wie wir körperliche Bewegung und biblischen Zuspruch auf einfache Weise miteinander verbinden:

---

[20] Adrian Plass, *Tagebuch eines frommen Chaoten*, Moers 1989

Ich sitze auf der Erde – am besten im Schneidersitz – und lasse die Handgelenke über meine Knie hängen. Ich atme langsam aus und dabei entspanne ich mich so, dass ich den Oberkörper allmählich nach vorne fallen lasse und die Wirbelsäule sich rundet. Dann atme ich tief ein und spüre, wie die Luft in meinen Körper eindringt. Gleichzeitig richte ich mich vom untersten Ende meiner Wirbelsäule wieder auf – mit dem Kopf zuletzt. Nach ein paar Sekunden atme ich erneut langsam aus und lasse meinen Oberkörper wieder nach unten fallen.

Sobald mir die körperlichen Bewegungen vertraut sind, kann ich sie mit bestimmten Gedanken verbinden. Ich mache mir bewusst, dass ich bei Gott ausatmen kann. Alle Sorgen und Probleme, die mich belasten, kann ich ihm abgeben. Ich kann mich entspannen, weil ich von seinen Händen getragen bin. Dann mache ich mir bewusst, dass ich bei Gott einatmen kann; er hilft mir, meine Wirbelsäule aufzurichten. Er stärkt mir den Rücken und gibt mir Identität und Widerstandskraft. Beim Einatmen danke ich ihm dafür.

Eine Zeit der Stille kann ich in verschiedenen Positionen verbringen, aber es ist gut, wenn ich für mich *die* Position finde, in der ich mich wohl fühle, damit Leib und Seele beide zur Ruhe kommen. Stehen wird allerdings nach ein paar Minuten anstrengend, und das Sitzen auf einem Stuhl verleitet oft dazu, dass wir die Rückenlehne zu sehr in Anspruch nehmen und dabei die aufrechte Sitzhaltung verlieren, die für ein konzentriertes Beten wichtig ist. Sehr gut geeignet für Zeiten der Stille sind die Gebetsbänkchen, die in Taizé benutzt werden, aber inzwischen in vielen Kirchen und Einkehrzentren zu finden sind. Wenn wir in der Stille körperlich zu sehr in uns hineinsinken, liegt die Gefahr nahe, dass unsere Gedanken sich vom Körper lösen; eine gezwungene aufgerichtete Position dagegen wirkt sehr verkrampft und kann nicht lange durchgehalten werden. Gebetsbänke ermöglichen eine entspannte und gleichzeitig aufrechte Position beim Knien. Es kann sein, dass bei der anfänglichen Benutzung der Gebetsbänkchen die Füße oder Fußgelenke weh tun, aber nach kurzer Zeit gewöhnen sie sich an die neue Haltung. Die folgende Übung verläuft in drei Schritten und hilft, vor allem am Anfang einer Zeit der Stille, zu einem Einklang zwischen Körper und Seele zu finden:

Ich suche mir eine bequeme entspannte Position, die ich 10 bis 15 Minuten gut aushalten kann. Zunächst spüre ich über meine Füße, meine Knie oder meine Sitzknochen den Kontakt zur Erde und nehme wahr, wie mein ganzes Gewicht getragen wird. Dorthin, wo ich im Körper Verspannung spüre, schicke ich eine Einladung, sich an dieser Stelle auch tragen zu lassen. Nach einer Weile blende ich den Psalmvers ein »Er stellte meine Füße auf einen Fels« (Ps 40,3) und denke daran, dass nicht nur der Boden unter mir ist, sondern Gott, der mich trägt. Ich danke ihm dafür und spüre im ganzen Körper nach, wie es ist, von ihm getragen zu werden.

In einem zweiten Schritt richte ich mich vom Kreuzbein her langsam auf, ohne mich zu verspannen, als ob ich von der Kopfkrone aus durch einen Faden in die Höhe gestreckt werde. Ich sorge aber dafür, dass der gute Kontakt nach unten beibehalten wird. Ich werde von unten getragen, sitze aber aufrecht und bleibe wach und aufmerksam. Ich lasse mir genügend Zeit, um hier eine Haltung zu finden, bei der ich mich wohl fühle. Ich danke Gott dafür, dass er mich von oben aufrichtet und mein Haupt emporhebt (Ps 3,4).

Als Mensch bin ich also erdverbunden, aber mit dem Kontakt zum Himmel. Das, was meinen Körper in den beiden Ausrichtungen nach unten und nach oben verbindet, ist der Atem, der durch mich fließt.

Ich nehme in der dritten Phase dieser Meditation mein Ein- und Ausatmen wahr, wie es nicht nur oben im Brustkorb, sondern durch den ganzen Körper spürbar wird. »Da machte Gott der Herr den Menschen aus Erde vom Acker und blies ihm den Odem des Lebens in seine Nase. Und so ward der Mensch ein lebendiges Leben« (1 Mos 2,7). Mit dem ersten Atemzug fängt mein Leben an, und der Atem ist das letzte, das ich auf dieser Erde von mir gebe. Ich danke Gott für die lebenspendende Kraft des Atems. Im Alten wie im Neuen Testament gibt es jeweils ein und dasselbe Wort für Atem und Geist; so wie der Atem Räume in meinem Körper findet, so auch wohnt Gott durch seinen Geist in mir und will sich ausbreiten.

Wenn ich möchte, kann ich diese Übung gedanklich fortsetzen und die drei Schritte mit der Dreieinigkeit Gottes verbinden. Gott hält von oben wie ein Vater oder eine Mutter die Hand über mir. Gott ist der Sohn, der in Jesus Christus Fleisch wurde und auf diese Erde herunterkam. Gott ist der Heilige Geist, der Atem Gottes, der durch mich fließt und Erde und Himmel verbindet.

In der zwischenmenschlichen Kommunikation benutzen wir nicht nur Worte, sondern auch Gebärden, um uns gegenseitig mitzuteilen; dabei wird das Gesagte durch eine Geste mit dem Kopf, mit den Händen oder Armen unterstrichen. So besteht auch die Möglichkeit, wenn wir mit Gott reden, das, was wir ausdrücken möchten, mit Bewegungen zu bekräftigen. Durch sogenannte »Gebärdengebete« bezeugen wir, dass wir mit der ganzen Person vor ihm stehen. Das nachstehende Beispiel eignet sich besonders für die Wintermonate, in denen wir mit dem Rest der Schöpfung eine starke Sehnsucht nach dem Licht entwickeln!

Ich stehe und lasse meine Arme locker hängen. Langsam hebe ich die Arme mit den Handflächen nach unten seitlich in die Höhe, und wenn sie horizontal ausgestreckt sind, drehe ich die Handflächen um und bewege die Arme weiter nach oben. Dabei bete ich den Satz: »Gott, ich öffne mich für dein Licht.« Jetzt nach oben gerichtet, führe ich die Hände noch nicht zusammen, sondern halte sie geöffnet etwa ein Fußbreit auseinander. Langsam drehe ich mich auf den Füßen einmal um die eigene Achse und bete: »Ich lasse mich umhüllen.« Wieder nach vorne schauend, bringe ich jetzt die Hände über meinem Kopf zusammen und bewege die so zusammengelegten Hände bis zur Brusthöhe und sage: »Ich lasse mich durchdringen.« Die Bewegung führe ich weiter bis zum Bauch, wo ich die Hände zu einer offenen Schale umforme und bete abschließend die Worte »und erfüllen«.

Solche Gebärden haben natürlich keine magische Kraft und es wäre ein großer Irrtum, wenn wir meinten, mit ihrer Hilfe eine geistliche Erfahrung herbeiführen zu können. Andererseits gilt genau dasselbe für die Worte, die wir im Gebet sprechen. Worte wie Gebärden sind begrenzt, können aber helfen, uns in der Stille vor Gott zu öffnen, auf ihn zu hören und mit ihm ins Gespräch zu kommen.

Kapitel 9

In der Stille hören

Erst das Schweigen tut das Ohr auf
für den inneren Ton in allen Dingen.

ROMANO GUARDINI

Jeder von uns hat es bestimmt schon einmal erlebt, vor einem Raum zu stehen, zu dem wir keinen Zugang haben. Besonders schlimm ist es, wenn wir von unserem eigenen Zuhause ausgesperrt sind, weil wir die Tür zugemacht haben, ohne den Schlüssel mitzunehmen. Mit den Geschichten, die aus einer solchen Situation entstehen, könnte man ein Buch füllen! Wenn ich einen Raum in mir habe, in dem ich zu Hause sein kann, ist es auch äußerst wichtig, dass ich Zugang dazu finde. Im vorletzten Kapitel habe ich von einer doppelten Ausrichtung der Seele gesprochen: Sie ist der Ort, der meinem Leben eine Mitte gibt, und auch der Ort, an dem Gott zu mir spricht. Wenn ich auf die Stimme Gottes höre, dann öffnet sich eine Tür zu dem Raum in mir; ich bekomme Zugang zu meiner Mitte und ich kann lernen, von dort aus zu leben. Wenn ich nicht höre, bleibt die Tür zu.

Durch die ganze Bibel hindurch wird das Hören sehr stark betont. Nach dem zweiten Gebot sollen sich die Menschen kein optisches Bildnis von Gott machen; stattdessen kommt es immer wieder darauf an, die

Stimme Gottes zu hören. In den ersten Büchern des Alten Testamentes stehen die Sätze des »Höre, Israel« (5 Mos 5,1), die auch heute auf der ganzen Welt von frommen Juden auswendig gelernt werden und am Ende des Neuen Testamentes wird der Aufruf mehrfach wiederholt: »Wer Ohren hat, der höre, was der Geist den Gemeinden sagt!« (Off 2,7). Aber wie höre ich diese Stimme? Was meinen Menschen, wenn sie behaupten, dass Gott zu ihnen gesprochen hat? Bilden sie sich dabei etwas ein? Ist es nicht merkwürdig, dass solche Dinge zwar in der Bibel und in christlichen Geschichten vorkommen, aber nicht bei mir?

Es ist gut, wenn wir vorsichtig und mit einer gewissen gesunden Skepsis an diese Fragen herangehen, weil wir sonst die Realitäten des Alltags bald zurücklassen würden. Es ist nicht alles Gold, was glänzt und hinter vielen angeblichen Botschaften Gottes steckt mehr das Wunschdenken oder die Phantasie der Menschen, die sie gehört haben wollen. Trotzdem dürfen wir das Thema nicht pauschal in die Schublade »religiöse Schwärmerei« einordnen. Wenn es stimmt, dass der Raum in mir der Ort ist, an dem Gott zu mir spricht, muss auf jeden Fall die Frage gestellt werden, wie ich diese Stimme Gottes vernehme. Aber wir wollen dort anfangen, wo wir sind, und uns nicht von den großen »Erfolgen« anderer blenden lassen. Auf dem Weg der Stille gehen wir mit kleinen Schritten und nicht mit Riesensprüngen voran! Deswegen beginnen wir mit unserem normalen akustischen Hören.

Vor dem Schreiben dieses Kapitels habe ich mich an einem der ersten warmen Frühlingstage für eine Viertelstunde in den Garten gesetzt. Dort habe ich die Augen zugemacht, um mich ganz auf das Hören zu konzentrieren. Zuerst vernahm ich nur den Lärm der Autos, die an unserem Haus vorbeifahren, aber dann immer deutlicher das Zwitschern der Vögel in den Bäumen auf der anderen Straßenseite. Je intensiver ich lauschte, desto mehr Geräusche konnte ich erkennen. Bald merkte ich das Rauschen des Windes, aber dann auch einen Bus und die U-Bahn aus etwas größerer Entfernung. Leider habe ich es nicht geschafft, den ersten Kuckuck des Jahres zu hören, aber durch die kleine Übung stellte ich doch fest, dass es einen erheblichen Unterschied zwischen passivem Hören und aktivem Lauschen gibt!

Durch eine ähnliche Übung können wir das bewusste Hören etwas trainieren; damit können wir aber auch schon beginnen, darüber nachzudenken, ob es auch ein anderes Hören gibt, das über das Akustische hinausgeht:

Ich setze mich in der »Stille« hin – in meinem Zimmer, draußen auf einer Wiese oder im Garten. Ich mache die Augen zu und die Ohren auf. Zuerst zähle ich alle Geräusche auf, die meine Ohren erreichen. Was höre ich? Ist das alles, oder können meine Ohren mehr aufnehmen, wenn ich noch intensiver lausche?

Nach einer Weile suche ich das Geräusch aus, das mich am meisten interessiert, und lasse alles andere zur Hintergrundkulisse werden. Vielleicht ist es das Fließen von Wasser, eine Musik, die irgendwo gespielt wird, mein eigener Atem oder ein Rasenmäher im Garten meines Nachbarn. Klingt es anders, wenn ich noch genauer hinhöre?

Wenn ich mir genug Zeit dafür genommen habe, gehe ich noch einen Schritt weiter: Ich lasse auch dieses Geräusch in den Hintergrund treten und lausche direkt in die Stille hinein. Wenn ich alles andere nicht mehr bewusst wahrnehme, kann ich die Stille auch »hören«? Was höre ich da?

Wahrscheinlich haben wir bei der Übung festgestellt, dass die Stille gar nicht so still ist. Aber vielleicht ist es uns gelungen, die äußerlichen Geräusche auszuschalten, um etwas anderes zu hören? Was sind das für Stimmen, die sich dann melden – gehören sie mir, anderen Menschen oder sogar Gott? Im Laufe eines Tages nehmen unsere Ohren nur eine begrenzte Zahl von akustischen Signalen wahr, im Vergleich zu dem, was sie wahrnehmen könnten. Das hat verschiedene Gründe: Erstens leben wir in einer Zeit, in der unsere Ohren weniger trainiert sind als unsere Augen. »Video«, das lateinische Wort für »ich sehe«, bestimmt weitgehend den Alltag. Wir sitzen vor Fernseh- oder Computerbildschirmen und haben es gelernt, sehr rasche Folgen von optischen Eindrücken zu verkraften und einzuordnen. Beim Autofahren reagieren wir auch mehr auf das, was wir sehen – die Bewegungen anderer Verkehrsteilnehmer oder die Farben der Ampel. Situationen, in denen es auf das aufmerksame Hinhören ankommt, sind eher eine Ausnahme. Zweitens hängt die akustische Wahrnehmung sehr stark mit unserem eigenen Willen zusammen. Wir beobachten häufig bei älteren Menschen, die angeblich sehr schwerhörig sind, dass sie plötzlich dann, wenn ihnen etwas wichtig ist, sehr wohl verstehen können! Aber es ist bei jedem von uns ähnlich: Vieles wollen wir nicht hören und nur das, was uns interessiert, nehmen unsere Ohren wahr. Das, was wir beim akustischen Hören beobachtet haben, gilt genauso für die Frage, wie wir die Stimme Gottes vernehmen. Auch hier kommt es vor allem auf unser Wollen und Interesse an, und auch hier gilt der Grundsatz, dass unser Hören unterentwickelt ist und trainiert werden muss.

Es könnte sein, dass die Frage «Will ich Gottes Stimme hören?« einigen Lesern fast als Beleidigung erscheint. Würde ich ein solches Buch in die Hand nehmen und es sogar bis zum neunten Kapitel durcharbeiten, wenn ich das nicht wollte? Doch gibt es hier Unterschiede, die jeder Mensch ernst nehmen sollte. Wie oft sagen wir, dass wir etwas wollen, aber dann ist unser Wunsch nach ein paar Tagen schon vergessen! Andere Dinge dagegen sind uns so wichtig, dass wir über längere Zeit denselben Wunsch immer wieder äußern. Vor mehreren Jahren fingen meine Kinder an, sich einen Hund zu wünschen. Ich habe solche Äußerungen zunächst als eine vorübergehende Phase abgetan und hatte außerdem mindestens sieben gute Gründe parat, warum wir in unserer Familie keinen Hund anschaffen könnten. Am überzeugendsten war natürlich meine Überlegung, dass unsere beiden Katzen sich mit einem Hund wohl kaum vertragen würden. Aber die Kinder ließen nicht nach, und nachdem meine zwei besten Argumente innerhalb eines Jahres gestorben waren, wurde der Wunsch immer lauter! Als ich ihnen sagte, dass ihr Schweigen mich vielleicht eher für die Idee gewinnen würde als die Wiederholung ihrer Bitte zu jeder Mahlzeit, haben sie sechs Monate lang kein Wort mehr über den Hund verloren. Das hat mich beeindruckt. Ich merkte, dass sie sich wirklich einen Hund wünschten und bin dem Wunsch entgegengekommen. In der Zeit danach stellten wir aus praktischer Erfahrung täglich fest, welche meiner damaligen Argumente stichhaltig waren und welche nicht!

Wie stark ist bei mir der Wunsch, auf Gott zu hören? Tritt er wieder in den Hintergrund, wenn ich dieses Buch zu Ende gelesen habe, oder komme ich immer wieder darauf zurück? Bin ich bereit, Widerstände zu überwinden, um dem Wunsch nachzugehen oder gebe ich schon nach den ersten Enttäuschungen auf? In Mendelssohns Oratorium zur Eliageschichte singt der Engel dem müden Propheten die Worte aus Psalm 37:

> Sei stille dem Herrn und warte auf ihn.
> Er wird dir geben, was dein Herz wünscht.

Auf Gott zu warten ist nicht eine Frage von Minuten oder Stunden. Es kann manchmal Jahre oder vielleicht sogar ein ganzes Leben dauern, bis wir Gott mit ähnlicher Klarheit hören wie Elia. Damals wie heute sind aber für die meisten von uns solche unmissverständlichen Gotteserfahrungen eher die Ausnahme als die Regel. Das bedeutet nicht, dass wir sie deswegen nicht *erwarten* sollen. Aber für uns ist es wichtiger zu wissen, dass Gott in unserem Alltag durch sehr viele Dinge reden kann, die wir vielleicht auch deswegen überhören, weil wir nur auf das Spektakuläre warten. »Sei stille dem Herrn und warte auf ihn« heißt, unser inneres Ohr zu schulen, um das zu hören, was nicht so eindeutig ist.

Wie das praktisch aussieht, wäre eigentlich ein Thema für ein ganzes Buch. In diesem Kapitel kann ich nur kurz auf drei Bereiche hinweisen, bei denen wir die Ohren für die Stimme Gottes öffnen könnten. Dann soll uns der abschließende Abschnitt daran erinnern, dass es hier nicht um »Erfolgsrezepte« geht, die man auf einer Liste nacheinander abhakt. Wer auf Gott hören will, muss lernen, auch sein Schweigen zu vernehmen. Das darauffolgende Kapitel zeigt ein paar praktische Möglichkeiten, wie wir in der Stille beim Lesen der Bibel die Stimme Gottes neu vernehmen lernen.

Im Laufe dieses Buches haben wir mehrmals festgestellt, dass uns in der Stille eine Vielzahl von Gedanken bewusst wird, die in unserem Kopf herumkreisen und uns scheinbar von einer Konzentration auf die Gegenwart Gottes ablenken wollen. Wir haben gelernt, dass wir solche Gedanken mit mehr Gelassenheit betrachten können und dass wir sie nicht aus einem falschen Verständnis von Frömmigkeit verwerfen müssen. Ich möchte jetzt einen Schritt weitergehen und behaupten, dass Gott gerade durch unsere eigenen Gedanken zu uns redet.

Die Begegnung mit Gott und die Begegnung mit mir selbst sind untrennbar miteinander verbunden; die Erfahrung vieler Menschen in der Vergangenheit und Gegenwart bezeugt, dass Gott Menschen dort begegnet, wo sie sind, und nicht dort, wo sie sein möchten. Die ersten Gedanken, die mir in der Stille kommen, zeigen mir, wo ich bin. Ob es Hassgefühle, sexuelle Phantasien, die Pläne für ein Eigenheim oder die Ängste vor der Arbeitslosigkeit sind – dort bin ich eben jetzt in diesem Augenblick und es hilft mir überhaupt nicht, wenn ich mir darüber Illusionen mache. Wenn ich mich auf die Stille einlasse, werden die Selbsttäuschungen schnell entlarvt. So redet Gott zu mir und zeigt mir, wer und wo ich bin; nur wenn ich das zugebe, bleiben meine Ohren offen. Aber wer sich selbst nicht erkennen will, wird kaum in der Lage sein, weiter auf Gott zu hören, wenn es sich um andere Erkenntnisse handelt. »Lausche in die Stille hinein«, schreibt Reinhard Deichgräber, »ob nicht in, mit und unter den kommenden und gehenden Gedanken ein Wort Gottes dein Ohr sucht.«[21] Vielleicht findet sich die-

[21] Reinhard Deichgräber, *Wachsende Ringe*, Göttingen 1985, S. 25

ses Wort durch eine Einsicht in eine Situation, die ich in letzter Zeit erlebt habe oder eine, die mich heute erwartet. Die Stille bietet mir die Gelegenheit, Abstand zu gewinnen und plötzlich fällt es mir leichter, etwas zu verstehen, das bis dahin rätselhaft war. Dann kann es sehr hilfreich sein, solche kleinen Erleuchtungen in einem Tagebuch festzuhalten. Manchmal geht mir in der Stille eine bestimmte Person nicht aus dem Kopf; das kann ich auch als die Stimme Gottes annehmen, und so beziehe ich diesen Menschen in mein Beten ein. Wenn ich es für richtig halte, suche ich die nächste Gelegenheit, um Kontakt zu ihm aufzunehmen; es könnte sein, dass diese Person gerade jetzt meine Ermutigung oder Hilfe braucht.

So viele Dinge, die wir als selbstverständlichen Bestandteil unseres Lebens hinnehmen, könnten Träger der Gedanken Gottes sein – wenn wir nur auf sie hören würden. Gott spricht zu mir durch meinen Körper, wie ich schon im letzten Kapitel angedeutet habe, aber wir müssen die Signale wahrnehmen, die der Körper uns vermittelt und darauf reagieren. Gott spricht zu mir durch meine Träume; damals in der Bibel empfanden Menschen häufig ihre Träume als Mitteilungen Gottes, aber heute haben Christen diesen Bereich anscheinend entweder den Psychologen oder den Esoterikern überlassen. Warum eigentlich? Träume entstehen in meinem tiefsten Unterbewusstsein und stoßen bis in das Halbbewusstsein des Schlafes vor; es liegt doch nahe, dass Gott diese Botschaften aus dem Inneren benutzen wird, um mir Erkenntnisse zu vermitteln, auf die ich sonst nicht käme.

Hören auf Gott in meinem Herzen – das Herzensgebet

Bisher habe ich betont, dass es häufig hilfreicher sein kann, eigene Gedanken in der Stille kommen zu lassen, als sie zu vertreiben. Es gibt aber Zeiten im Leben, in denen eine solche Unruhe in unserem Kopf herrscht, dass andere Maßnahmen notwendig sind. Da fühlen wir uns von der Menge der Aufgaben, die heute auf uns warten, unter einen starken Druck gesetzt oder von einer bestimmten Sorge so belastet, dass wir uns fragen, ob uns eine Zeit der Stille im Moment überhaupt etwas bringt. In solchen Phasen kann das sogenannte Herzensgebet eine sehr gute Unterstützung sein.

In seiner frühsten Form wurde dieses Gebet von den Wüstenvätern im 5. und 6. Jahrhundert praktiziert und zwar durch die Wiederholung des Satzes »Herr Jesus Christus, erbarme dich meiner«. Sechs Jahrhunderte später wurde es in Griechenland von den sogenannten »Hesychasten« aufgegriffen; dabei wurde der Satz zum ersten Mal mit dem bewussten Atmen und mit dem Sitzen in der Stille kombiniert. Im 18. und 19. Jahrhundert breitete es sich in Russland aus, vor allem durch das Buch »Die aufrichtigen Erzählungen eines russischen Pilgers«. Heutzutage wird diese Art des Betens in der ganzen Welt praktiziert, manchmal in der ursprünglichen Form mit dem Satz »Herr Jesus Christus, erbarme dich meiner«, aber oft mit der Wiederholung des schlichten Namens Jesus Christus, Jesus mein Friede oder des hebräischen Jeschua Schalom. Das Wiederholen von einem Namen oder einem Satz in Verbindung mit dem bewussten Atmen konzentriert die Gedanken auf einen Punkt und hilft uns, eine Zeit lang eine Entlastung von der Tyrannei der Gedanken zu erleben.

Im Alten Testament ist das Herz der Bereich unseres Körpers, der am meisten erwähnt wird – insgesamt über 800-mal. Dort ist »Herz« oft mit »Seele« austauschbar, denn beides gilt als die Mitte des Lebens. Unser heutiges Verständnis von »Herz« ist recht eingeschränkt im Vergleich zu der Weite der biblischen Bedeutung. Unter dem Einfluss der Romantik verstehen wir das Herz immer noch vorwiegend als den Sitz der Gefühle, vor allem der Liebe. Im biblischen Verständnis aber verbindet das Herz als Mitte des Lebens das Fühlen mit dem Denken und Wollen. Das Herz ist der Ort, an dem Gott in uns wohnt, wo er seine Liebe in uns ausschüttet (Röm 5,5); und wir öffnen unser Herz, wenn wir in Beziehung zu anderen Menschen treten. Wenn wir in der Stille Gott und uns selber besser kennenlernen wollen, dann ist es enorm wichtig, dass wir zu unserem »Herz« Kontakt aufnehmen.

In diesem meditativen Gebet nehme ich die Hilfe des eigenen Körpers (in diesem Fall den Atem) in Anspruch, um bei mir anzukommen und um Kontakt zu einem Ort in mir aufzunehmen, der mit der Mitte meines Lebens zu tun hat. Ich achte darauf, dass ich einigermaßen bequem sitze, entspannt aber wach. In der Stille nehme ich das eigene Ein- und Ausatmen wahr und entdecke dabei eine Drei-Stufen-Struktur: Einatmen, Ausatmen, Pause. Ich beobachte dabei, wie ich den eigenen Atem körperlich spüre, welche Körperbereiche sich beim Einatmen ausdehnen und beim Ausatmen wieder kleiner werden. Wenn meine Gedanken immer wieder abdriften und ich an die vielen Gespräche und Sorgen des kommenden oder vergangenen Tages denke, kann allein diese Wahrnehmung mich schon etwas mehr zur Mitte führen: Einatmen, Ausatmen, Pause. Dabei muss ich am Atem nichts ändern, sondern nur beobachten, wie der Atem fast ohne mein Zutun in mir weiterfließt.

Im Laufe der Übung verbinde ich das Ein- und Ausatmen damit, dass ich beim Ausatmen die Sorgen und Themen des Tages loslasse und mir beim Einatmen bewusst mache, dass Gott mein Leben bewohnt und durch seinen Geist in mir atmet. Dann beginne ich, in demselben Rhythmus folgendes Gebet zu sprechen: Beim Einatmen »Du in mir« und beim Ausatmen »Ich in dir«. Pause. Das mache ich zwei bis drei Minuten lang, bis der Rhythmus mir einigermaßen vertraut wird. Beim einatmenden »Du in mir« erinnere ich mich immer wieder daran, dass ich mein Herz für Gott öffnen und ihm Raum in mir geben kann. Beim ausatmenden »Ich in Dir«, denke ich daran, dass Gott nicht nur in mir, sondern auch um mich herum ist, wie die Luft, die mich umgibt. Jedesmal, wenn ich merke, dass die Gedanken abdriften, kehre ich zu den Worten »Du in mir« und »ich in Dir« zurück; ich bringe sie mit den Atemzügen in Verbindung, um wieder in meiner Mitte, im Herzen, anzukommen.

Viele Christen haben inzwischen das Herzensgebet zu einem festen Bestandteil ihrer Spiritualität gemacht und dabei gemerkt: In der schlichten Form ist es leicht zu erlernen, aber es tut gut, sich darin unterrichten und begleiten zu lassen. Dazu gibt es einiges an Literatur und in einigen Klöstern und Einkehrzentren in Deutschland Seminare zu diesem Thema.[22]

---

[22] Zum Beispiel im *Haus für Stille und Begegnung* Via Cordis, Kloster Wennigsen

Hören auf Gott in der Schöpfung

Nicht nur durch meine Gedanken und mein Herz redet Gott zu mir, sondern hinter allem Geschaffenen verbirgt sich eine Wirklichkeit, die tiefer geht als das, was ich mit den Augen sehen und den Ohren hören kann. Der Psalmist besingt eine Schöpfung, die ständig mit inneren Tönen gefüllt ist:

> Die Himmel erzählen die Ehre Gottes,
> und die Feste verkündigt seiner Hände Werk.
> Ein Tag sagt's dem andern,
> und eine Nacht tut's kund der andern,
> ohne Sprache und ohne Worte;
> unhörbar ist ihre Stimme.
> Ihr Schall geht aus in alle Lande
> und ihr Reden bis an die Enden der Welt.
>
> Ps 19,2-5

Wenn unsere Ohren diese Töne empfangen könnten, wäre die Wirkung mit Sicherheit überwältigend! Aber auch hier ist es möglich, sie ein Stück weit in den Zeiten der Stille zu trainieren. Ich kann bewusst über einen Aspekt der Schöpfung Gottes meditieren und dabei muss ich nicht unbedingt wie der Psalmist bei den großen Dingen beginnen. Gottes unendliche Größe und Liebe sprechen auch durch kleine Gegenstände:

Ich nehme so einen Gegenstand in die Hand – eine Muschel, ein Stück Holz, einen Stein, eine Blume, eine Schale mit Wasser. Es kann auch etwas von Menschen Hergestelltes sein – eine Uhr, ein Lineal, eine Batterie.

Ich versuche, dieses Objekt mit möglichst vielen Sinnesorganen wahrzunehmen. Wie fühlt es sich an? Ich halte es an mein Ohr; kann ich etwas hören? Wie riecht es oder schmeckt es (nicht bei Batterien!)? Ich drehe es in meinen Händen um; wie sieht es von den verschiedenen Seiten aus?

Ich denke darüber nach: Welche Eigenschaft dieses Gegenstandes ist mir besonders aufgefallen? Was sagt sie mir über Gott oder den Menschen, der den Gegenstand gemacht hat?

Wenn ich diese Übung in der Stille regelmäßig durchführe, überträgt sich allmählich eine Wirkung auf den Rest meines Tages. Ich lerne es, weniger blind und taub durch die Welt zu gehen und mehr auf das zu achten, was in den vielen kleinen »Selbstverständlichkeiten« meines Alltags verborgen ist.

Und wenn Gott schweigt?

Der »Raum in mir« ist der Ort, wo Gott zu mir spricht und ich kann mein Hören schulen, um seine Stimme besser zu vernehmen. »Wer diese meine Rede hört und tut sie«, sagt Jesus »der gleicht einem klugen Mann, der sein Haus auf Fels baute« (Mt 7,24). Wenn ich meine Ohren für das Reden Gottes aufmache und mein Handeln danach richte, wird mein inneres Zuhause gefestigt. Ich bekomme immer mehr Zugang zu der tiefsten Stelle meines Wesens und von dieser Mitte aus kann ich mein Leben gestalten.

Und doch, trotz aller Übungen, erlebe ich häufig Zeiten, in denen ich nichts höre. Ich habe den Weg in die

Stille gesucht, mich für die Gegenwart Gottes geöffnet und ich spüre nichts. Es ist, als ob Gott sich einfach in Schweigen hüllt. Das Schweigen Gottes bedeutet nicht, dass ich durch die Stille keine Fortschritte gemacht habe und in eine Sackgasse geraten bin. Es zeigt nur, dass ich mich davor hüten muss, den »Erfolg« der Stille mit handfesten Ergebnissen zu messen. Manchmal schweigt Gott tatsächlich. Und – wenn es noch so schmerzvoll ist – dann ist es besser, dieses Schweigen wahrzunehmen, als mir einzubilden, ich würde etwas hören. So könnte ich nämlich merken, dass das Schweigen etwas enthält, was ich vorher nicht gemerkt habe. In zwischenmenschlichen Beziehungen spielt das Schweigen eine genauso wichtige Rolle wie das Reden und die Tatsache, dass mein Gegenüber nichts sagt, bedeutet noch lange nicht, dass ich ihm gleichgültig bin. Das hat Sören Kierkegaard zu einem Gebet inspiriert:

> Vater im Himmel,
> auf vielerlei Weise redest du zu einem Menschen ...
> Ach, und wenn du auch schweigst,
> so redest du ja doch mit ihm,
> denn auch der redet, der schweigt,
> um den Lernenden abzuhören;
> auch der redet, der schweigt,
> um den Geliebten zu prüfen;
> auch der redet, der schweigt,
> auf dass die Stunde des Einverständnisses
> um so innerlicher sei, wenn sie kommt.[23]

---

[23] Sören Kierkegaard, *Gebete*, Hrsg. von Walter Rest, Köln 1957, S. 65

Am Anfang dieses Kapitels habe ich behauptet, dass es in der Bibel vorwiegend auf das Hören der Stimme Gottes ankommt – aber an einem entscheidenden Punkt ist es anders. Der Kern der biblischen Heilsgeschichte liegt darin, dass Gott Mensch wird, auf dieser Erde lebt und sich so weit mit den Menschen identifiziert, dass er einen qualvollen Tod stirbt. In diesem Kreuzestod sehen Christen die SchIüsselstelle der Offenbarung Gottes: Jesus geht bewusst in den Tod, um dadurch die Schuld und das Leiden der Menschheit zu verwandeln. Und dennoch, gerade an dieser Stelle, in dem Augenblick seines Todes, wendet er sich an seinen Vater mit der Frage: »Mein Gott, mein Gott, warum hast du mich verlassen?« (Mk 15,34) – und bekommt keine Antwort. Gott schweigt – und doch ist in diesem Schweigen das Heil der Menschheit enthalten.

Kapitel 10

Stille mit der Bibel

Ich möchte schweigen,
damit ich unter den vielen Stimmen
die deine erkenne.
Ich möchte schweigen und darüber staunen,
dass du für mich ein Wort hast.

JÖRG ZINK

Do not let this book of the law
depart from your mouth;
meditate on it day and night.

(THE BIBLE: NEW INTERNATIONAL VERSION, JOSHUA 1,8)

Am Anfang des letzten Kapitels stand die Frage, ob das Hören der Stimme Gottes nicht vielmehr menschliche Einbildung ist, aber wir haben diese Frage bis jetzt noch nicht beantwortet. Ob ich Gottes Stimme höre, hat sicherlich nicht nur mit meinen Ohren, sondern auch mit meinem Glauben zu tun. Wie zwei Menschen, die in einer Gefängniszelle sitzen und die Wirklichkeit ganz unterschiedlich wahrnehmen, indem einer tief bedrückt auf die Eisenstäbe am Fenster schaut, während der andere mit Begeisterung den Sternenhimmel bewundert, der durch die Stäbe sichtbar ist, so gibt es Unterschiede in unserem Hören. In der Stille hört einer die Stimme Gottes, während der andere nichts empfindet. Wenn mein Glaube es nicht zulässt, dass ich Gott hören kann, werde ich ihn wahrscheinlich auch nicht hören.

Das bedeutet aber keinesfalls, dass der christliche Glaube Tor und Tür für alles öffnet, was Menschen von Gott gehört haben wollen. Von Anfang an war die christliche Religion monotheistisch; demnach gibt es also nur einen Gott und nicht für jeden Menschen einen, den er sich nach seinen eigenen göttlichen Eingebungen zusammenbastelt. Ich höre nicht als einzelner auf Gott, sondern stehe in einer langen Geschichte von Menschen, die ebenfalls die Stimme desselben Gottes gehört haben. In der Bibel wird festgehalten, was Gott zu den Menschen geredet hat, zuerst durch das Volk Israel und dann durch die ersten Christen. Das heißt nicht, dass Gott heute nicht mehr spricht, aber das, was ich heute von ihm höre, sollte immer mit dem Reden Gottes in der Bibel verglichen werden. Ein Gott, der über Jahrtausende seine Geschichte mit den Menschen geschrieben hat, wird mir persönlich kaum etwas offenbaren, das dazu in Widerspruch steht.

Deswegen ist die Forschungsarbeit der Bibelwissenschaftler äußerst wichtig, denn dadurch kommen wir der ursprünglichen Bedeutung der biblischen Texte immer etwas näher. Wenn ich vermeiden will, eigene Gedanken und Einbildungen auf Gott zu projizieren, dann bleibt ein persönliches Studium der Bibel unumgänglich. Wer seine Ohren für die Stimme Gottes trainieren will, sollte den Verstand nicht ausschalten, sondern ihn vielmehr dazu benutzen, sich mit den Inhalten der christlichen Überlieferung vertraut zu machen. Erst dann, wenn ich über gewisse Grundkenntnisse verfüge, bin ich in der Lage, andere Zugänge zur Bibel auszuprobieren, die über eine rein intellektuelle Beschäftigung mit ihr hinausgehen.

Einen solchen Zugang bietet zum Beispiel das Auswendiglernen eines Bibeltextes. Darin sehe ich zwei große Vorteile. Erstens kann es mir helfen, die abschweifenden Gedanken in einer Zeit der Stille auf einen Punkt zu bringen und stärkt dadurch meine Konzentration; zweitens kann ich auf diesem Weg über längere Zeit biblische Textabschnitte tiefer in mich eindringen lassen.

Ich nehme mir einen Bibelabschnitt vor, der mich besonders anspricht und mit dem ich mich etwas länger beschäftigen möchte. Gut geeignet dafür sind 1 Kor 13 (Das Hohelied der Liebe), Mt 5,3-10 (Die Seligpreisungen), Ps 23 oder 121 und Kol 1,15-20.

Ich schreibe den Abschnitt, den ich lernen möchte, mit der Hand auf – vielleicht hinten in meinem Tagebuch oder in einem anderen Heft, das nur für diesen Zweck gedacht ist. Ich überlege, wie oft ich mich mit dem Auswendiglernen beschäftigen möchte – einmal täglich, einmal wöchentlich...? Es ist besser, langsam anzufangen und sich nachher zu steigern, als mit großem Schwung zu beginnen und nach kurzer Zeit aufzuhören.

Ich lerne den ersten Vers, Satzteil für Satzteil, und meditiere darüber. Wenn ich das Gelernte laut ausspreche, kann ich mich besser konzentrieren. Beim zweiten Mal wiederhole ich den ersten Vers und nehme den nächsten dazu. So geht es weiter, bis ich den ganzen Text gelernt habe. Ich stehe nicht unter Leistungsdruck; viel wichtiger ist es, dass diese Worte Teil meines Lebens werden. Wiederholung ist alles. Auch wenn ich neue Stellen dazu nehme, sollte ich mir die alten regelmäßig vergegenwärtigen. Gott spricht natürlich nicht nur durch die Bibel, und so muss sich diese Aufgabe nicht nur auf Bibeltexte beschränken; Gedichte oder Gebete sind für das Auswendiglernen auch sehr gut geeignet.

Es gibt viele Methoden, die uns helfen, über die Bibel zu meditieren, aber sie alle zu schildern, würde den Rahmen dieses Kapitels sprengen. Hier kann nur auf zwei solcher Möglichkeiten hingewiesen werden. Inzwischen ist die Meditation über eine biblische Geschichte, die alle fünf Sinnesorgane einbezieht, relativ bekannt. Dabei versuche ich, mich in den Text hineinzuversetzen, indem ich ihn mit allen Sinnen nacherlebe. Dafür wird meistens eine Geschichte über Jesus aus den Evangelien genommen. Ich betrachte das Geschehen aus dem Blickwinkel eines Beteiligten und stelle mir vor, wie es wohl damals ausgesehen haben mag. Ich frage mich, welche Geräusche meine Ohren erreichen und versuche, auch meine anderen Sinnesorgane einzubeziehen. Das Ziel dieser Form der Meditation besteht darin, mir die Situation so zu vergegenwärtigen, dass ich mir am Ende vorstellen kann, mich wirklich in der Gegenwart Jesu zu befinden. In der Stille höre ich dann auf das, was er mir persönlich zu sagen hat. Diese Art der Bibelmeditation wird übrigens auch von Ignatius in seinen Exerzitien benutzt.

Ich lese die Geschichte von der Stillung des Sturmes im Markusevangelium 4,35-41 ein- oder zweimal durch, lege die Bibel zur Seite und schließe die Augen. Ich stelle mir vor, dass ich dabei bin – am besten als eine(r) der JüngerInnen – als Jesus sich vom Volk verabschiedet. Was sehe ich mit meinem inneren Auge? Wie sieht die Landschaft aus und wie bewegen sich die vielen Menschen? Was nehme ich mit meinen Ohren wahr – von den Stimmen, vom Wasser, von den Booten? Und wie hell oder warm ist es an diesem Abend? Was sind meine Gefühle gegen Ende dieses Tages mit Jesus?

Was fällt mir auf, wenn ich mit ihm und den anderen in das Boot steige? Welche Gerüche erreichen meine Nase und wie ist es, vom Ufer abzulegen und sich von der Menge zu entfernen? Sitze oder stehe ich in der Nähe von Jesus oder etwas weiter weg? Worüber wird unter den Jüngern gesprochen?

Das Wetter verändert sich schlagartig – wie erlebe ich diesen plötzlichen Umschwung? Ist etwas dabei, was mich besonders beunruhigt, während das Boot vom Sturm hin und her geschaukelt wird? Erinnert mich das an etwas aus meinem jetzigen Leben? Wie gehe ich damit um, dass Jesus irgendwo im Boot eingeschlafen ist? Bin ich derjenige, der ihn weckt oder überlasse ich es den anderen?

Wenn Jesus zum Wind und zum Meer spricht, wie hört sich das an? Und was ist das für ein Gefühl, wenn auf einmal alles wieder ruhig wird? Ich nehme mir Zeit, dieser Stille nach dem Sturm mit allen Sinnesorganen nachzuspüren. Was ist für mich das Wichtigste bei dieser Erfahrung? Wenn ich die Chance hätte, Jesus etwas zu sagen oder zu fragen, welche Worte würden das am besten ausdrücken?

Das Boot erreicht das andere Ufer und während sich die anderen mit dem Festmachen des Bootes beschäftigen, lädt mich Jesus ein, eine Weile mit ihm zu gehen. Wie ist es für mich, mit ihm allein zu sein? Möchte ich lieber schweigen oder etwas von dem sagen, was mir vorher in den Sinn gekommen ist? Nach ein paar Minuten setzen wir uns hin – und ich höre, ob er mir etwas sagen möchte.

Eine andere uralte Methode, einen Bibeltext in der Stille auf mich wirken zu lassen, ist die ›lectio divina‹. *Lectio divina*, ein lateinischer Begriff, bedeutet »göttliche Lektüre«, und beschreibt einen Weg, auf dem wir uns neu öffnen für das, was Gott uns durch die Bibel sagen möchte. Offensichtlich war es schon in den frühen Zeiten der christlichen Geschichte ein Problem, dass manches, was man in der Bibel las, zwar mit dem Verstand gut aufgenommen wurde, aber zu den tieferen Schichten des Herzens oder der Seele nicht durchgedrungen ist. So entstand – wahrscheinlich schon vor dem fünften Jahrhundert nach Christi Geburt – eine Methode, die mit vier einfachen Schritten helfen sollte, dass die Worte der Bibel nicht im Kopf stecken bleiben, sondern unser Leben auf allen Ebenen prägen. Sie wurde wahrscheinlich von den Wüstenvätern benutzt, bevor sie später von Benedikt und den Karmelitern aufgegriffen und weiterentwickelt wurde.

Der erste Schritt heißt lectio (lesen). Ich lese den Abschnitt eines Bibeltextes, am besten langsam und laut (man kann auch innerlich laut lesen, ohne andere zu stören!). Jeder Text, der nicht zu lang ist, eignet sich dafür. Ich nehme mir Zeit, den Text noch einmal zu lesen, damit er mir vertraut wird. Wenn ich die Möglichkeit habe, lese ich ihn beim dritten Mal in einer anderen Übersetzung oder in einer Fremdsprache, die ich einigermaßen beherrsche. Dadurch nutze ich die Gelegenheit, den Inhalt des Textes aus verschiedenen Blickwinkeln zu betrachten.

Der zweite Schritt heißt meditatio (nachsinnen). Hier denke ich über den Sinn des Textes nach und überlege, welcher Teil des Textes mir am wichtigsten erscheint oder am meisten mit meiner jetzigen Lebenssituation zu tun hat.

Wenn ich genug Zeit habe (und wenn die Bibelstelle dafür geeignet ist), kann ich bei diesem Schritt die letzte Übung mit der Bibelimagination anwenden. Auch dadurch wird mir deutlich, wo für mich der Kern des Textes liegt.

Der dritte Schritt heißt oratio (beten). Bei diesem Schritt bringe ich das, was mir bei meditatio wichtig geworden ist, eine Etage weiter nach unten – auf die Ebene des Herzens. Mein Denken tritt in den Hintergrund und ich lasse mein Herz in einen Dialog mit Gott eintreten. Ich nehme mir Zeit, um hinzuhören, was mein Herz sagen möchte und warte dann auch geduldig, ob darauf eine Art Antwort erfolgt.

Der vierte Schritt heißt contemplatio (schauen). In dieser Phase der Stille mit dem Bibeltext geht es nicht mehr um Gedanken oder Worte. Nach dem Lesen, Nachsinnen und Beten ruhe ich in Gottes Wort – im Wissen, dass Gott da ist und ich da bin. Hier denke ich wieder an den alten Bauer in der Kirche aus Kapitel 4: »Ich schaue Gott an, er schaut mich an, und wir sind beide glücklich!«

Die vier Schritte sind nicht als strenge Gesetze zu verstehen, die unbedingt in dieser Reihenfolge nachvollzogen werden müssen, sondern eher als Vorschläge, die zeigen, wie diese Art des Bibellesens normalerweise abläuft. Die Methode ist besonders für diejenigen von uns geeignet, die einen Vers oder Text aus der Bibel als Übergang brauchen, um zur Stille zu kommen.

IV. Aus der Stille leben

Kapitel 11
Stille und Arbeit

Was wir heute brauchen,
ist die Kontemplation auf den Straßen.

JACQUES MARITAIN

Wenn ich krank bin und den Arzt aufsuchen muss, wird er mich untersuchen, eine Diagnose stellen, mir wahrscheinlich Medikamente verschreiben und dazu noch Empfehlungen geben, ob ich zur Arbeit gehen, welche Nahrungsmittel ich vermeiden und ob ich Sport treiben soll. Ein guter Arzt wird außerdem noch Ratschläge machen, wie ich mich in Zukunft anders verhalten könnte, um eine Wiederholung der Krankheit oder Verletzung zu vermeiden. Zu Hause beginne ich, die Tabletten zu nehmen und stelle zu meiner großen Freude fest, dass die Symptome schon nach 24 Stunden verschwunden sind. Es wäre sehr unvernünftig, wenn ich deswegen die Medikamente sofort absetzen und zu meinem bisherigen Lebensstil zurückkehren würde, denn die Krankheit würde höchstwahrscheinlich in kurzer Zeit wieder auftreten.

Dennoch besteht die Gefahr, dass wir mit der Stille genauso umgehen. Wir hoffen, dass sie wie ein schnell wirkendes Heilmittel anschlägt, damit wir genauso weiterleben können wie bisher. Aber eigentlich müsste uns unsere Erfahrung vom Leben sagen, dass sich diese Erwartung als illusorisch entpuppen wird. Wir wissen doch, wie es den meisten von uns nach dem Urlaub geht! Wir haben uns am Strand oder beim Wandern durch die Berge so schön entspannt, aber kaum sind wir wieder zu Hause, hat uns der Stress des Alltags schon wieder eingefangen. Nach einer Woche erscheint es uns, als ob wir nie verreist waren. Mit einer kleinen Gruppe von Freunden machen wir ein Einkehrwochenende oder wir verbringen sogar eine Woche des Schweigens in einer christlichen Kommunität und merken, wie gut es uns getan hat. Trotzdem sind wir immer wieder erschrocken, wie schnell die tägliche Routine uns nachher wieder im Griff hat und wie rasch die Spuren der Stille im Alltag verschwinden.

Sogar im Laufe eines Tages werden solche Kontraste allzu deutlich. Kurz nach dem Aufstehen ziehe ich mich zum Beispiel zurück, genieße die halbe Stunde der Ruhe und habe das Gefühl, dass ich völlig ausgeglichen in den Tag hineingehe. Kaum zehn Minuten später am Frühstückstisch gerate ich mit meiner Frau oder Tochter in einen Streit oder eine Stunde später mit meinen Arbeitskollegen und ich fühle mich wie ausgelaugt, obwohl der Tag gerade erst begonnen hat. Je öfter ich solche Gegensätze und Enttäuschungen erlebe, desto größer ist meine Frustration und die Versuchung wächst, »die Sache mit der Stille« doch sein zu lassen. Ist die Pendelbewegung zwischen Stille und Stress unvermeidlich?

Muss mir die Stille immer als eine kleine Insel im brausenden Meer vorkommen? Wie kann sie sich auf meinen normalen Tagesablauf – im Straßenverkehr, in der Fabrik, in der Schule, innerhalb der Familie – auswirken?

»Wenn ihr umkehrtet und stille bliebet, so würde euch geholfen« (Jes 30,15). Diese Zeile aus dem Buch Jesaja ist ein wichtiger Hinweis auf die Verbindung zwischen Stille und Umkehr. Richtig verstanden kann Stille nicht als kurzes Eintauchen in einen harmonischen Zustand gesehen werden; sie ist vielmehr eine radikale Veränderung meiner Einstellungen – zu mir selber, zu Gott, zu meinen Mitmenschen und zu meiner Arbeit. Darin liegt die große, einmalige, heilende Chance der Stille, denn durch sie gewinne ich etwas Distanz zu dem, was mein Leben sonst ausmacht. Ich sehe Zusammenhänge, die mir mitten im Geschehen entgangen sind, und ich kann deutlicher erkennen, wo die Ursachen von Problemen und Konflikten liegen. Was für eine verpasste Gelegenheit, wenn ich dann in die gewohnten Strukturen zurückkehre, ohne daran irgendetwas zu ändern! Aber genau dort liegt der Haken: Wir haben uns vielleicht schon oft vorgenommen, etwas zu ändern, aber es hat einfach nicht funktioniert. Wie am Jahresanfang: Die guten Vorsätze werden schnell vergessen und die Motivation für weitere Versuche lässt deutlich nach. Es ist nicht nur schwer, wenn wir die Insel der Stille verlassen und den Sturm des Alltags lediglich mit dem Vorsatz konfrontieren, dass ich mich ändern muss – es zehrt unnötigerweise an unseren Kräften.

Wenn wir aber in der Seele ein Zuhause entdeckt haben, wo Gott zu uns spricht, brauchen wir das Zuhause nicht zu verlassen, wenn die Stille zu Ende ist. Wie eine Schnecke nehmen wir unser Zuhause mit, aber nicht sichtbar auf dem Rücken, sondern im unsichtbaren Innenraum, in dem Christus in uns »Gestalt annimmt« (Galater 4,19). Nach diesem Verständnis versuche ich nicht mit dem Vorsatz in die täglichen Beschäftigungen hineinzugehen, dass ich mich ändern muss, denn eine Einstellung dieser Art verlangt etwas von mir, das ich nicht geben kann. So fange ich außerhalb von mir mit einem noch nicht erreichten Ziel an und bemühe mich, einer Vorstellung vom richtigen Verhalten zu entsprechen. Wenn ich mich aber in der Stille mit dem Raum in mir beschäftigt habe, in dem Christus wohnt, dann habe ich damit eine Mitte gepflegt, die ich beim Verlassen der Stille mitnehme. Die Frage stellt sich dann: Wie kann ich mein Verhalten im Alltag mehr von dieser Mitte beeinflussen lassen?

Veränderungen, die aus einer solchen Haltung entstehen, sind organisch – das bedeutet, dass sie von innen heraus wachsen. Organisches Wachstum, wie bei einem Baum oder einer Pflanze, ist nie ruckartig, sondern sehr langsam und für den Betrachter nur langfristig sichtbar. Deswegen sind die Gedanken, die in diesem und im nächsten Kapitel folgen, keineswegs als Patentrezepte zu verstehen, durch die wir zu einem »erfolgreichen Leben« gelangen, sondern als kleine Hinweise, wie wir etwas von der Stille ins Leben mitnehmen können. Vor hundert Jahren waren Radios große Geräte, die in einer Ecke des Wohnzimmers standen; wer zuhören wollte, musste dahin gehen und das Radio einschalten. Irgendwann sind die Erfinder auf die Idee eines tragbaren Radios gekommen, das man überall mit hinnehmen konnte, auch zum Arbeitsplatz. In diesem Kapitel geht es um die »tragbare Stille« bei der Arbeit!

Harte Arbeit

Im Matthäusevangelium finden wir die bekannten Sätze von Jesus: »Kommt her zu mir, alle, die ihr mühselig und beladen seid; ich will euch erquicken. Nehmt auf euch mein Joch und lernt von mir; denn ich bin sanftmütig und von Herzen demütig; so werdet ihr Ruhe finden für eure Seelen. Denn mein Joch ist sanft, und meine Last ist leicht« (Mt 11,28-30). Mir ist aufgefallen, dass diese Verse einen Gegensatz überbrücken, der in unserem Leben weit auseinanderklafft, nämlich den Gegensatz zwischen Ruhe und Arbeit. Hier kommt die Pendelbewegung zwischen den beiden, in der wir uns allzu oft befinden, gar nicht vor, sondern es wird von Jesus behauptet, dass wir arbeiten sollen und trotzdem Ruhe finden. Wie soll das aussehen?

Ich glaube, dass die Antwort in den zwei Adjektiven versteckt liegt, mit denen Jesus sich selbst beschreibt: Ich bin sanftmütig und von Herzen demütig. Aus seiner Wortwahl können wir ableiten, dass Jesus zwischen einem »harten« und einem »sanften« Arbeitsstil unterscheidet. »Mein Joch ist sanft und meine Last ist leicht.« Es gibt eine Art zu arbeiten, die aus einer Ruhe heraus geschieht, aber trotzdem effektiv ist und eine, die verbissen wirkt und zur Erschöpfung führt.

Ich setze mich in der Stille hin und nehme mir Zeit, um über meine Art zu arbeiten nachzudenken. Dabei muss es nicht nur um die bezahlte Arbeit gehen; arbeiten tun wir auch in der Familie oder ehrenamtlich in der Gemeinde oder im Verein. Gab es Momente in den vergangenen Wochen, bei denen ich in meiner Arbeit ganz aufgegangen bin, so dass ich mich irgendwie erfüllt oder mindestens zufrieden fühlte? Ich nehme ein solches Beispiel, lasse das Gefühl der Situation durch meinen Körper durchfließen und beschreibe für mich, wie es sich anfühlt. Ich gehe zum nächsten Teil der Übung nicht zu schnell weiter, sondern koste eine Zeit lang das schöne Gefühl aus.

Dann denke ich an typische Arbeitssituationen, die mich ermüden oder anstrengen. Vielleicht haben sie mit einer bestimmten Aufgabe oder mit bestimmten Personen zu tun. Auch hier nehme ich nur ein Beispiel und stelle mir vor, ich wäre jetzt gerade in dieser Situation. Wie reagieren mein Körper und meine Seele darauf? Gibt es da eine Geste, ein Bild oder ein Wort, um zu beschreiben, wie es sich für mich anfühlt? Wenn es auszuhalten ist, noch eine Minute in der Haltung zu bleiben, höre ich hin, ob irgendwo in mir ein Satz zu vernehmen ist, der mich bei dieser Art zu arbeiten antreibt: »Pass auf, dass du es richtig machst!« »Warum muss ich das jetzt gerade tun?« oder Ähnliches.

Nachher vergleiche ich die beiden Arbeitseinstellungen. Passen die Worte »hart« und »sanft« gut dazu oder fällt mir etwas Genaueres ein?

In meinem eigenen Verhalten und bei der Beobachtung anderer Menschen habe ich im Laufe der Zeit zahlreiche Varianten der »harten« Einstellung zur Arbeit entdeckt.

Hier sind nur ein paar Beispiele, die bei den unterschiedlichsten Aufgaben immer wieder zu erkennen sind – am Arbeitsplatz, in der Familie, in der Gemeinde, in der Politik und überall sonst, wo Menschen arbeiten müssen.

»Ich arbeite, um etwas zu beweisen.« Hauptziel dieser Arbeitseinstellung wäre dann zu zeigen, dass ich die Arbeit allein schaffen kann. Und wenn die Aufgabe noch so schwer ist; keiner soll mir nachsagen können, dass ich nicht belastbar bin. Diese Art zu arbeiten verbirgt unter der Oberfläche eine versteckte Aggressivität; sie ist »hart«, weil ich ständig unter der Beweislast stöhnen muss.

»Ich arbeite, um Spuren zu hinterlassen.« Dieser Leitsatz ist mit dem ersten verwandt, aber in gesteigerter Form. Ich will nicht nur beweisen, dass ich es kann, sondern dass ich es besser kann. Die Arbeitsweise ist nicht nur im Berufsleben, sondern auch in der Gemeinde und in der Familie weit verbreitet, wird aber oft nicht erkannt. Da ist zum Beispiel der Vater, der seine Kinder besser erziehen möchte, als seine Eltern es getan haben, oder die Mitarbeiterin, die aus ihrem Aufgabenbereich mehr machen möchte als ihre Vorgänger. Wie anstrengend eine solche Einstellung auf Dauer werden kann, haben wir von Elia am Tiefpunkt seiner Depression gehört, und zwar in dem sehr treffend formulierten Satz: »Es ist genug. Herr, ich bin nicht besser als meine Väter.«

»Ich arbeite, weil ich Anerkennung brauche.« Mit anderen Worten: Wenn ich etwas tue, müssen andere es sehen und achten. Nach meiner Einschätzung wird diese

Haltung besonders unter Männern stark vertreten, vielleicht weil seit Jahrhunderten Frauen sich damit abfinden mussten, dass sie die schwere Arbeit der Versorgung der Familie im Verborgenen taten, während Männer für ihre Mühe immer – wenn auch nur eine geringe – finanzielle Anerkennung in Form ihres Lohnes bekamen. Heute werden die Folgen dieser Haltung häufig dann sichtbar, wenn ein Ehemann in der Abwesenheit seiner Frau ausnahmsweise im Haushalt etwas tut, aber dann bei ihrer Rückkehr unbedingt darauf hinweisen muss, damit seine Arbeit bloß nicht übersehen wird!

»*Warum muss ich das machen?*« Eine Frage, die – wenn wir ehrlich sind – nicht nur von Kindern gestellt wird, sondern auch manchmal bei uns im Hinterkopf lauert. Dahinter steckt eventuell der Gedanke, dass diese Aufgabe eigentlich unter meiner Würde ist, und deswegen sträubt sich alles in mir dagegen. Oder ich bin viel zu sehr beschäftigt und habe in diesem Moment viel Wichtigeres zu tun als gerade dies; außerdem gibt es genug andere Mitarbeiter oder Familienmitglieder, die das genauso gut verrichten könnten. Diese Haltung ist hart und verschwendet Energie, weil die Arbeit nicht aus einer positiven Motivation, sondern vielmehr aus Bitterkeit geschieht.

»*Es kommt alles auf mich an.*« Die Vertreter dieser Arbeitsphilosophie haben irgendwann in der Vergangenheit festgestellt, dass alles schneller und womöglich auch besser läuft, wenn sie es selbst in die Hand nehmen. Ob diese Feststellung richtig war, bleibt eine offene Frage. Es kann gut sein, dass ihre Kollegen langsam oder ineffektiv arbeiteten, aber musste man ihnen deswegen sofort das Blatt aus der Hand nehmen? Die Schuld wird auf die anderen geschoben, aber diejenigen, die ihre Arbeit für unentbehrlich halten, sind in den meisten Fällen für die Vorzüge und das Potential ihrer Mitmenschen ziemlich blind. Sie leben nach dem Titel des Liedes von Frank Sinatra »I did it my way« und haben lange die Illusion, dass ihre Umwelt von ihrer Arbeit völlig abhängig ist. Sie beklagen ihr Schicksal, aber im tiefsten Inneren fühlen sie sich dabei selbst bestätigt. Um so schwerer ist es für sie, wenn sie eine längere Krankheitsphase erleben und dann feststellen müssen: In ihrer Abwesenheit bricht doch nicht alles zusammen. Die Arbeit läuft gut weiter und endlich ergreifen Menschen die Initiative, die lange im Schatten desjenigen standen, der scheinbar alles besser machen konnte.

Wenn wir uns fragen, warum die Arbeit in Stress ausartet und uns so müde macht, sollten wir also nicht nur an die äußeren Umstände denken. Natürlich arbeiten viele von uns unter fast unmenschlichen Bedingungen, die nicht gerade zu einem »sanften« Arbeitsstil einladen, und es müsste immer eines der höchsten Ziele unserer politischen Mitwirkung in der Gesellschaft sein, dass jeder Mensch sein Recht auf eine sinnvolle und menschenwürdige Arbeit bekommt. Und doch wissen wir, dass die äußeren Verhältnisse allein nicht zur Erschöpfung führen und dass es genauso darauf ankommt, die eigene Arbeitseinstellung zu überprüfen. Damals warf Jesus den Pharisäern vor, sie würden den Menschen Lasten auferlegen, die sie gar nicht zu tragen vermochten. Heute brauchen wir die Pharisäer nicht, denn oft genug sind wir der eigene Feind; die harte Einstellung, die von Ehrgeiz, Bitterkeit, Aggression, Egoismus oder Selbstmitleid ausgeht, macht uns die Arbeit – und für eine immer größer werdende Zahl von Menschen die Arbeitslosigkeit, auf die wir auch »sanft« oder »hart«

reagieren können – zu einer noch schwereren Last. Aber wie ist es möglich, eine »sanfte« Arbeitsweise zu erlernen, die aus der Stille entsteht?

Sei ganz in dem, was du tust!

Viele der »harten« Einstellungen haben etwas Gemeinsames: Der Schwerpunkt liegt nicht in der Aufgabe selbst, sondern außerhalb – im Lob oder in der Anerkennung der anderen oder in der Verbesserung eines Bildes, das andere von mir haben. Mit anderen Worten wird das, was wir in der Stille vor Gott einüben, beim Arbeiten sofort vergessen, nämlich im Augenblick zu leben, anstatt mit den Gedanken immer wieder in die Vergangenheit oder Zukunft abzuschweifen. Aus der Stille zu arbeiten heißt also erstens: Ich bin ganz in dem, was ich tue.

Ich musste einmal spät abends den Fußboden unseres Cafés für Migranten in Hamburg durchfegen und feudeln, weil am nächsten Tag ein Gottesdienst dort stattfinden sollte und das Putzteam diese Aufgabe vergessen hatte. Ich war schon nach dem arbeitsreichen Abend müde und während ich wischte, schimpfte ich innerlich über die Mitarbeiter, die es an meiner Stelle hätten machen müssen! Plötzlich wurde mir aber deutlich, was da vorging: Erstens habe ich nicht sonderlich effektiv gewischt und dabei hat mich meine innere Bitterkeit noch müder gemacht als vorher. An diesem Abend habe ich bei der Arbeit innegehalten (im Gegensatz zu vielen anderen Beispielen, wo ich die eigene harte Einstellung gar nicht wahrgenommen habe!), um eine innere Korrektur vorzunehmen. Indem ich mich ganz auf die Bewegungen des Saubermachens konzentrierte, fühlte ich mich wie von einer Last befreit. Eine Bekannte von mir bestätigte diese

Erfahrung, als sie erzählte, wie sie eine Zeitlang versuchte, eine solche Arbeitsweise beim Fensterputzen einzuüben! Wenn sie ihre ganze Aufmerksamkeit den Bewegungen ihrer Hände und Arme widmete, anstatt über die lästige Aufgabe zu stöhnen, konnte die Arbeit erstens schneller durchgeführt werden und zweitens sahen die Fenster nachher sauberer aus!

Nicht fremdgesteuert, sondern von innen bewegt

Es ist ein gewaltiger Unterschied, ob ich nur deswegen etwas tue, weil Menschen oder Umstände mich mehr oder weniger dazu gezwungen haben oder ob die Arbeit aus dem Zentrum heraus entsteht, das ich in der Stille gepflegt habe. Wenn ich ständig von außen gesteuert werde, dann ist es unvermeidlich, dass mein Arbeitsleben im starken Kontrast zu den Zeiten der Stille steht; der Ort, der mein Leben zusammenhält und an dem Gott zu mir spricht, wird demnach in der Stille gestärkt, aber für den Rest des Tages ist er dem Angriff der vielen Stimmen von außen ausgesetzt, die etwas von mir verlangen. »Sanfte« Arbeit bedeutet also zweitens, dass ich meine »Mitte« in die Welt der Arbeit mitnehme und auch dort versuche, von dieser Mitte aus zu leben.

Gordon MacDonald hat die beiden Alternativen in den Adjektiven »getrieben oder berufen« zusammengefasst.[24] Ein getriebener Mensch jagt von einem Termin zum andern, nicht weil er sich bewusst dafür entschieden und den Tag entsprechend geplant hat, sondern weil er sich vorwiegend nach den Anfragen und Wünschen

[24] Gordon MacDonald, *Ordne dein Leben*, Wiesbaden 1988

anderer orientiert. Ein getriebener Mensch beklagt nicht selten sein Schicksal, weil er zwischen den Anforderungen des Berufs, der Familie, der Gemeinde oder des Vereins keine Zeit für sich selbst findet. Bei allem, was er tut, ist ihm bewusst, dass durch die Ausübung dieser Tätigkeit ein anderer genauso wichtiger Lebensbereich zu kurz kommt; deswegen wirkt er immer abgehetzt und ermüdet. Ein berufener Mensch ist dagegen einer, der es lernt, auf seine Mitte zu hören und versucht, seinen Tag möglichst von dort aus zu gestalten. In der Stille denkt er darüber nach, wo noch harte Arbeitsweisen bei ihm zu finden sind, die gegen diese Mitte kämpfen. Er fragt sich, ob dieser Zustand nur an den Aufgaben oder auch an seiner Einstellung liegt. In diesem Fall bemüht er sich, ein inneres Ja zu einer Arbeit zu finden, wogegen er sich bisher nur gewehrt hat.

Jede Person, die von der Mitte aus lebt und arbeitet, ist im wahrsten Sinne des Wortes eine Berufene, denn – wie ich oft betont habe – diese Mitte ist nicht nur das, was mich zusammenhält, sondern vor allem der Ort, wo Gott zu mir spricht. Das Rufen meines Namens ist das, was meine Identität schafft – der »Ich bin, der ich bin« ermöglicht es, dass ich auch »Ich bin« sagen kann –, aber sein Ruf bedeutet gleichzeitig eine Sendung in die Arbeit in dieser Welt. In den biblischen Berufungsgeschichten, ob bei Mose, Elia oder Jesaja, gehören die zwei Seiten der Identität und Sendung eng zusammen. Und doch, obwohl diese Berufungen eine einmalige Besonderheit besaßen, waren sie deswegen nicht als etwas Vergangenes zu betrachten, worauf man sich ein Leben lang ausruhen konnte. Der Ruf Gottes gilt für jeden Augenblick meines Lebens und wenn ich es lerne, im Alltag mehr darauf zu hören, werde ich in der Persönlichkeit und in der Einstellung zur Arbeit von Jahr zu Jahr wachsen.

Ich arbeite also letztendlich nicht deswegen, weil andere mich dazu zwingen, aber auch nicht, weil ich es mir in den Kopf gesetzt habe. An der tiefsten Stelle meines Lebens kommen Gottes Stimme und mein eigener Wille zusammen, und es ist dieser Einklang der beiden, der mir eine ganz andere Motivation zu den Tätigkeiten des Alltags geben kann. Dann brauche ich mir kein eigenes Denkmal zu setzen, weil die Bestätigung, dass mein Schaffen richtig ist, von innen und nicht von außen kommt. Ich brauche auch nicht so zu arbeiten, als ob alles auf mich ankommt. Der Gott, der mich zur Arbeit ruft, hat auch viele andere Mitarbeiter. Wer seinen Ruf nur auf sich bezieht, verfällt in einen Individualismus, der im krassen Widerspruch zum christlichen Glauben steht. Denn hier geht es nicht nur um den Einzelnen, sondern um einen Leib, in dem die verschiedenen Glieder sich gegenseitig ergänzen. Damit wird dann die dritte und vielleicht wichtigste Möglichkeit der »sanften« Arbeit angeschnitten, nämlich die Veränderung meiner Einstellung zu anderen Menschen. Das ist der Schwerpunkt nach dieser Übung.

Am Ende dieses Kapitels nehme ich noch einmal meine zwei Beispiele der sanften und harten Arbeit von vorhin. Ich nehme die Aufgabe genauer unter die Lupe, die mir auf der negativen Seite eingefallen ist. Ich denke darüber nach, ob sie wirklich notwendig ist oder ob ich sie delegieren könnte? Wenn ich aber an der äußeren Notwendigkeit nichts zu ändern vermag, frage ich mich: Was ist es an dieser Arbeit, das mich so müde macht? Danach richte ich eine weitere Frage nicht an meinen Verstand, sondern nach innen an die Stelle, die sich müde fühlt: Was braucht diese Stelle in mir, um neue Kraft zu schöpfen – um sich so zu fühlen wie beim ersten positiven Beispiel? Wie wäre es beim nächsten Mal, wenn diese Situation vorkommt, die Arbeit in dem Bewusstsein zu verrichten, dass ich einen Raum in mir habe?

Ich schließe die Zeit der Stille, indem ich die Worte des Gelassenheitsgebets nachspreche: »Gott, gebe mir die Gelassenheit, Dinge hinzunehmen, die ich nicht ändern kann, den Mut, Dinge zu ändern, die ich ändern kann, und die Weisheit, das eine vom andern zu unterscheiden.«

Kapitel 12
Stille, die nach außen führt

Nur Menschen, die Gott in der Stille begegnen,
erkennen ihn auch dann,
wenn sie mit anderen zusammen sind.

DIETRICH BONHOEFFER

Es war einmal ein altes Kloster, das seinen ursprünglichen Enthusiasmus schon längst verloren hatte. Es gab von einem Tag zum anderen immer dieselbe Routine, aber keine neuen Mönche und wenig Begeisterung für das Gebet. Der Abt sah das alles, trauerte, und aus dem verzweifelten Wunsch, etwas zu verändern, suchte er einen alten, weisen Einsiedler auf, der im tiefsten Wald lebte. Der Einsiedler hieß ihn willkommen und nachdem sie gegessen hatten, sagte er zum Abt: »In eurem Kloster habt ihr das Feuer Gottes verloren. Du bist gekommen, um von mir Weisheit zu hören. Ich sage dir ein Geheimnis, aber du darfst es nur einmal wiederholen und danach darf niemand es wieder laut aussprechen.« Dann schaute er tief in die Augen des Abtes und sagte: »Der Messias ist unter euch.« Beide schwiegen, während sich der Abt die Wichtigkeit der Aussage überlegte. »Jetzt musst du gehen«, sagte der Einsiedler.

Als er ins Kloster zurückkehrte, rief der Abt alle Mönche zu sich und sagte ihnen, er hätte eine Lehre von

Gott. Er fügte hinzu, dass sie nie laut wiederholt werden dürfte, und sprach: »Der Einsiedler sagt, dass einer von uns der Messias sei.« Die Mönche waren erschrocken. »Was könnte das bedeuten?« »Ist Johannes mit der großen Nase der Messias, oder Bruder Matthias, der beim Beten immer einschläft?« »Oder bin ich der Messias?« Aber obwohl sie den Satz rätselhaft fanden, sprachen sie nie wieder darüber.

Die Zeit verging und die Mönche fingen an, sich gegenseitig mit einer besonderen Liebe und Ehrfurcht zu behandeln. Es gab eine sanftmütige, menschliche Qualität unter ihnen, die schwer zu beschreiben, aber leicht zu erkennen war. Sie lebten miteinander wie Menschen, die endlich etwas von großer Wichtigkeit entdeckt hatten. Ihre Worte waren sorgfältig ausgesucht und freundlich. Denn wer konnte wissen, ob er nicht gerade mit dem Messias redete? Nach kurzer Zeit zog die Lebendigkeit dieses Klosters viele Besucher an und junge Männer fingen an zu fragen, ob sie sich der Kommunität anschließen dürften. Der alte Einsiedler starb, ohne etwas Weiteres von seinem Geheimnis zu verraten, und der Abt fragte sich manchmal, ob er es richtig verstanden hatte.

Christus im anderen

Diese Geschichte, die ich in einem englischen Buch über christliche Spiritualität gefunden und übersetzt habe[25], lehnt sich an die Worte Jesu an: »Was ihr den geringsten unter meinen Brüdern getan habt, das habt ihr mir getan« (Mt 25,40). Aber wo liegt die Verbindung zur Stille? Der Ort in mir, um den es in der Stille geht, befindet sich

[25] Michael Riddell, *Godzone,* Oxford 1992

selbstverständlich auch in jedem Menschen, mit dem ich im Laufe eines Tages zu tun habe. Der Christus, der in mir »Gestalt annehmen« möchte, will auch in jedem anderen Menschen Platz finden und sich ausweiten. Es geht nicht um »meinen Jesus« und das Ziel eines christlichen Lebens beschränkt sich nicht auf meine persönliche innerliche Erbauung. Gott ist auch außerhalb von mir; er schreibt seine Geschichte auch im Leben anderer und wenn ich mich für ihn öffne, öffne ich mich dadurch auch für andere.

Hier gilt dasselbe wie im letzten Kapitel: Es ist wenig fruchtbar, wenn ich krampfhaft versuche, etwas von der Stille für meine Beziehungen zu den Mitmenschen im Alltag hinüberzuretten, indem ich mir klarmache, dass ich andere mehr lieben müsste. Ich werde wieder feststellen, dass ich mir unerreichbare Ziele setze und dass alle Bemühungen in Frustration enden. Die Stille wird eine Insel bleiben, von den Realitäten des Lebens weit entfernt. Anders ist es aber, wenn in der Stille etwas in mir wächst, das ich in den Tag hineintragen kann. Um das zu ermöglichen, wird es nötig sein, meine Erwartungen von der Stille zu überprüfen und eventuell zu korrigieren. Der Sinn der Stille kann nicht darin liegen, dass ich mich nur mit mir selbst beschäftige und nachher im Alltag habe ich dann mit den anderen zu tun. Wenn sich die Stille auf meine Beziehungen zu anderen Menschen auswirken soll, muss ich sie demzufolge auch in die Stille mit hineinnehmen.

Gebet als »Fürbitte«

In der christlichen Tradition hat das sogenannte »Fürbittengebet« immer eine wichtige Rolle gespielt. Heute fällt es manchen schwer, sich mit dieser Gebetsform zu identifizieren. Entweder verbinden sie Fürbitte mit den Gebetslisten, die sie als Kinder mechanisch abgehakt haben (»Gott segne Oma und Opa«), oder sie sehen solche Gebete als das Kennzeichen bestimmter Gruppen von frommen Christen, die immer wieder behaupten, dass Gott sie mit wunderähnlichen Antworten erhört habe. Es ist hier nicht meine Absicht, die Kindergebete oder Gebetserhörungen in Frage zu stellen. Ich möchte stattdessen nur vorschlagen, wie wir Menschen auf eine Art und Weise in die Zeit der Stille hineinnehmen können, die uns eventuell einen anderen Zugang zur alten Tradition der Fürbitte ermöglicht.

In einer Zeit der Stille kann ich zum Beispiel einen Menschen, der mir nahe ist, in meinen Gedanken vor Gott bringen. Dabei sollte ich nicht mit einem konkreten Gebet beginnen, denn meine eigenen Wünsche für diese Person stehen höchstwahrscheinlich noch im Vordergrund. Die Probleme in meinen Beziehungen entstehen nicht selten aus der Tatsache, dass ich mir ein Bild von anderen gemacht habe, das sie einengt. Solange es mir nicht klar geworden ist, dass Gott genügt (siehe Kapitel 6) und dass ich deswegen mir selber genug sein kann, werde ich dazu tendieren, andere zu benutzen, um etwas zu ergänzen, das in meinem Leben fehlt. Anstatt sie als Personen mit einem eigenen Innenraum und mit einer eigenen Sehnsucht nach einer Beziehung zu Gott zu betrachten, wird mein Umgang mit ihnen zu stark von meinen Bedürfnissen und meinen Erwartungen geprägt.

Ich mache mir also bewusst, dass die Person, die ich gedanklich vor Gott bringe, eine ist, in der Gott Raum einnehmen möchte. Jeder Mensch ist einmalig und obwohl es derselbe Gott ist, der durch Christus in ihm lebt wie in mir, wird doch die Gestalt, die Christus in ihm annimmt, ganz anders sein. Der Schöpfer dieser Erde, der jeden Baum und jede Schneeflocke unterschiedlich gemacht hat, wird auch mit jedem Menschen eine andere Geschichte schreiben. Die menschliche Wissenschaft hat es dagegen nur bis zum »Klonen« gebracht, die Wiederholung dessen, was schon ist. Also widerstehe ich der Versuchung, in der Stille andere Menschen durch meine Gebete »klonen« zu wollen, indem ich meine eigenen Eigenschaften und Wünsche auf sie projiziere! Ein Gebet aus dem Epheserbrief im Neuen Testament zeigt, wie Fürbitte diese Gefahren vermeiden kann. Hier wird für die Menschen in der Gemeinde in Ephesus gebetet, dass sie »stark werden durch Gottes Geist an dem inwendigen Menschen, dass Christus durch den Glauben in euren Herzen wohne und ihr in der Liebe eingewurzelt und gegründet seid ... So könnt ihr mit allen Heiligen begreifen, welches die Breite und die Länge und die Höhe und die Tiefe ist ... damit ihr erfüllt werdet mit der ganzen Gottesfülle« (Eph 3,15-19). Anstatt die anderen auf das Bild des Beters zu reduzieren, öffnet dieses Gebet den Blick für ungeahnte Dimensionen in denen, für die gebetet wird. So kann ich auch in der Stille für andere beten – dass sie ihren eigenen Innenraum entdecken und darin stark werden, dass in ihnen Christus mit seiner Liebe immer mehr ein Zuhause finden wird und dass sie vor allem nicht eine Enge im Herzen verspüren, sondern für die Unendlichkeit der Gegenwart Gottes geöffnet werden.

Ich muss das nicht alles mit Worten formulieren. Wichtig ist, dass ich in der Stille von meinem Bild des anderen loslasse, indem ich ihn nicht zuerst in seiner Beziehung zu mir, sondern in seiner Beziehung zu Gott betrachte. Ich befreie ihn dadurch von meiner einengenden Sicht und lege ihn sozusagen in die offenen Hände Gottes. Ob derjenige, für den ich bete, einen Gewinn davon hat, unterliegt letztendlich der Souveränität Gottes. Auf jeden Fall beten Christen seit 2000 Jahren für andere und es gibt unzählige Berichte von Menschen, deren Leben dadurch verändert worden ist. Aber solche Gebete haben noch eine andere Wirkung: Auch wenn sie keine sofortige Veränderung in meinem täglichen Umgang mit dieser Person verursachen, werde ich mit der Zeit merken, dass ein anderes Moment in unsere Beziehung eingetreten ist, welches weniger von Egoismus und mehr von Liebe gekennzeichnet ist.

Gebete dieser Art müssen nicht nur auf eine bestimmte Tageszeit beschränkt werden, in der ich meine regelmäßige Zeit der Stille praktiziere; ich kann auch im Verlauf eines Tages (kurz vor oder nach einem Gespräch oder während einer Pause bei der Arbeit) jemanden gedanklich in die Stille vor Gott hineinnehmen. Wieder achte ich darauf, dass ich keine unüberlegten Wünsche als Gebet verkleide; ich bemühe mich vielmehr um ein konzentriertes Schweigen um diese Person. Das Schweigen schafft die Möglichkeit, mein auf mich selbst bezogenes Bild von dem anderen zu korrigieren und bereitet den Weg für etwas, das wir mit dem Wort »segnen« bezeichnen könnten. Unser Blick wird für das Innere eines anderen Menschen geöffnet und diesen Innenraum bringen wir, wie der Verfasser des Epheserbriefes, vor Gott im Gebet. So entdecken wir vielleicht nebenbei, dass unsere kindlichen »Gott segne ...«-Gebete doch mehr Inhalt hatten, als wir damals geahnt haben!

Gemeinsame Stille

Die Stille schafft also einen Raum, in dem gewohnte Denkweisen korrigiert werden und öffnet gleichzeitig den Blick für das Innere eines Menschen. Von dieser Einsicht aus wäre es möglich, einen Schritt weiterzugehen und darüber nachzudenken, wie Stille einen positiven Einfluss auf Situationen, vor allem auf Zusammenkünfte von Christen, ausüben könnte. Jeder, der sich in der Gemeindearbeit haupt- oder nebenamtlich engagiert, weiß, dass Gremien, Ausschüsse, Leitungskreise, Vorstandssitzungen oder Mitgliederversammlungen einerseits für das Gelingen und die Organisation der Arbeit unentbehrlich sind; andererseits erscheinen sie uns häufig als ein notwendiges Übel, vor dem wir uns lieber drücken möchten! Der Grund für diese Abneigung liegt meistens in der Tatsache, dass zu viele Beteiligte so viel zu sagen haben, dass die Sitzung fast nie zur beabsichtigten Zeit zu Ende ist! Und wenn zusätzlich zwischenmenschliche Spannungen in den Gremien ausgetragen werden und zu Streitgesprächen führen, fällt es den Verantwortlichen noch schwerer, die Besprechung rechtzeitig zu einem konstruktiven Ergebnis zu bringen.

Es ist allerdings nicht meine Absicht, die Praxis der Quäker auf unsere Sitzungen zu übertragen, indem wir nur noch miteinander schweigen! Doch kann eine kurze Zeit der Stille in der Gruppe ungeahnte Auswirkungen auf den Verlauf einer Sitzung mit sich bringen. Ich habe zum Beispiel Mitarbeiterversammlungen geleitet, bei denen wir nach dem Lesen eines kurzen Bibelverses zu Beginn der Sitzung fünf Minuten lang miteinander in der Gegenwart Gottes geschwiegen haben. Es war nicht leicht, denn – genauso wie in der persönlichen Zeit der Stille – es wehrt sich vieles in uns dagegen, nichts zu tun und nicht zu reden, sondern einfach da zu sein. Doch habe ich mehr als einmal erlebt, wie die Worte nach der gemeinsamen Stille sorgfältiger und sparsamer ausgesucht wurden und wie es den Beteiligten leichter fiel, sachlicher zu reden und mehr aufeinander zu hören.

Auch mitten in einer Besprechung können ein paar Minuten der Stille äußerst fruchtbar sein, besonders dann, wenn sich das Gespräch festgefahren oder polarisiert hat. Wenn in einer solchen Situation Gebete laut gesprochen werden, liegt die Versuchung immer nahe, das Streitgespräch in den Gebeten fortzusetzen, und dadurch wird der Konflikt nur noch verschärft. Stille schafft die Möglichkeit, dass unsere Gedanken zur Ruhe kommen; jeder kann für sich seinen Standpunkt vor Gott bringen und korrigieren lassen; und vor allem öffnet die Stille unsere Ohren für den Innenraum des anderen. Nur so können wir seine Anliegen besser verstehen.

»Schaff Schweigen!«

In Psalm 46 steht der Vers: »Seid stille und erkennet, dass ich Gott bin!« Im christlichen Gemeindeleben täte es gut, dieser Aufforderung mehr Beachtung zu schenken. Viele sind über das mangelnde Interesse am Christsein in unserer Gesellschaft bekümmert und sehnen sich nach einer Erneuerung oder Erweckung des Glaubens. Leider wird die Lösung häufig darin gesucht, dass wir versuchen, durch noch mehr Worte in der Form von kirchlichen Programmen oder evangelistischen Veranstaltungen Außenstehende zu erreichen. Aber die meisten unserer Zeitgenossen scheinen sich von unserem Reden über den Glauben wenig angesprochen zu fühlen. Auch unsere Gottesdienste sind oft so sehr mit Worten gefüllt, dass man kaum zur Stille findet.

Vor 150 Jahren schrieb Sören Kierkegaard für die Christen seiner Zeit:

Wenn man ... den jetzigen Zustand der Welt betrachtet, das ganze Leben, wie es nun ist, dann müsste man sagen: Es ist eine Krankheit. Und wenn ich ein Arzt wäre und mich jemand fragte: Was meinst du wohl, was getan werden sollte? – Ich würde antworten: Das erste, die unbedingte Bedingung dafür, dass überhaupt etwas getan werden kann, also das erste, was geschehen muss, ist: Schaff Schweigen, hilf andern zum Schweigen! Gottes Wort kann nicht gehört werden; und soll es durch lärmende Mittel bedient, ausgeschrieen werden, um in all dem Spektakel noch mitgehört zu werden, dann wird es nicht Gottes Wort. Schaff Schweigen![25]

»Schaff Schweigen!« Was würde passieren, wenn wir nicht nur für uns persönlich, sondern auch im Gemeindeleben Zeiten der Stille einbauten? Wenn wir einmal im Jahr, für eine Woche oder vielleicht sogar einen Monat, auf die üblichen Gemeindeveranstaltungen verzichteten, um miteinander wirklich still zu werden vor Gott? Auch hier könnte uns die Stille dazu verhelfen, falsche Denk- und Handlungsmuster zu korrigieren und einen neuen Blick für das Wesentliche zu gewinnen. Vielleicht würde daraus ein Tiefgang in unserem Glauben entstehen, der für andere viel ansprechender wirkt als die professionellsten evangelistischen Reden.

Und wenn ich am Ende dieses Kapitels noch ein bisschen träumen darf ... ! Was könnte passieren, wenn die politisch Verantwortlichen unseres Landes und unserer Welt die heilsame Wirkung der Stille entdeckten? Vor jeder Pressekonferenz zwei Minuten der Stille und danach nur Worte, die aus der Stille und nicht aus Angst

---

[25] *Loccumer Brevier*, hrsg. vom Loccumer Arbeitskreis für Meditaion, München 1993, S. 50

vor Verlust der Wählerstimmen entstünden? Vor jeder Friedensverhandlung, ob im Nahen Osten oder in anderen Krisengebieten der Welt, eine Zeit des Schweigens, in der beide Seiten in der Gegenwart Gottes die eigenen Interessen und die Forderungen der Gegner überprüfen, bevor sie miteinander ins Gespräch kommen? »Schaff Schweigen!«

Das sind Träume ... aber wenn immer mehr Menschen in ihrem eigenen Bereich etwas von solchen Träumen verwirklichen, werden andere die heilende Kraft der Stille auch entdecken. »Wenn du das Tiefste in dir ergreifen willst«, schreibt Michel Quoist, (und wir dürfen ergänzen »und auch im anderen«) »musst du eine Pause machen.« Wer damit zu beginnen wagt, steckt andere an.

Gibst du der Stille den kleinen Finger ...

... nimmt sie die Hand
und löst die Faust.

Nun haben wir zwölf Kapitel über die Stille hinter uns und nach ein paar weiteren Seiten werden wir das Buch schließen. Das bedeutet aber keinesfalls, weder für die Leserin oder den Leser noch für den Autor, dass wir fertig sind. »Wenn ein Mensch meint, fertig zu sein«, schreibt der Verfasser von Jesus Sirach, »steht er am Beginn, und wenn er am Ziel ist, fehlt es an allen Enden« (Kap. 18,6). Dieses Buch über Schritte auf dem Weg zur Stille mag zu Ende sein, aber der Weg geht jetzt erst richtig los. Wie der Weg für mich persönlich bisher gelaufen ist, möchte ich in diesen letzten Seiten kurz erzählen. Das könnte vielleicht helfen, einige Gedankengänge des Buches besser zu verstehen; aber vor allem hoffe ich, dass diese Schilderung den Lesern Mut macht, über den eigenen bisherigen Weg nachzudenken.

The sound of silence

Als einer, der den Großteil seiner Jugend in den 60er-Jahren verbrachte, besaß für mich das Wort »Stille« lange Zeit etwas Abschreckendes. In dem Lied von Paul Simon

»The sound of silence« symbolisierte Stille den Zusammenbruch der zwischenmenschlichen Kommunikation; Stille war ein Abgrund der Sinnlosigkeit, in dem Generationen und einzelne Menschen aneinander vorbeiredeten. Ob man zu den politisch engagierten 68ern oder eher zu der von der Liebe begeisterten Hippie-Bewegung gehörte, damals war nicht die Zeit für die Stille oder das Schweigen, sondern für lautes Diskutieren und Demonstrieren, für Musik und Protest.

Vor dieser Kulisse ist es meiner christlichen Erziehung nicht gelungen, die Stille mit anderen Inhalten zu füllen. Die Stille, in Form von »stiller Zeit« oder als Synonym für das Gebet überhaupt, sollte das Herz des Christseins darstellen, den Atem, ohne den man als Christ nicht leben konnte; statt dessen empfand ich sie vielmehr als trockene Pflicht, als abschreckenden Gegenpol zu einer neuen Jugendkultur, die mit Leben und mit Lärm pulsierte. Stille hatte zu sehr den Beigeschmack von Stillstand. Dagegen galt eine Grundwahrheit in der Jugendkultur der 60er-Jahre, die mich bis heute stark geprägt hat: Das Leben ist wie eine Reise – und der Weg ist das Ziel. Im Gegensatz zu der Generation unserer Eltern wollten wir nicht in einem »spießigen« Beruf stehenbleiben, sondern machten uns auf den Weg – als Tramper durch Europa und Asien. Aber auch im tieferen Sinne – in Beziehungen, im Denken, im Leben überhaupt – hieß es immer weiterzugehen. Das Leben war die Suche nach einem Weg; Fragen waren wichtiger als Antworten; Stehenbleiben war langweilig und tödlich. Ich war froh, mit 18 von zu Hause weggehen zu können, um etwas von dieser Freiheit zu kosten.

Als ich nach ein paar Jahren doch einen eigenen Zugang zum christlichen Glauben fand, wurde Jesus für mich derjenige, der mit auf die Reise ging. Er war der Weg und die Christen »die des Weges« (Apg 9,2), der in diesem Leben nie zu Ende ist. Jesus war vor allem der Herausforderer, der immer Fragen stellte und zu neuen Ufern aufrief. Damals verstand ich noch nicht, dass Jesus mich nicht nur auf einer äußeren Reise begleitet, sondern dass ein Weg nach innen führt, auf dem er mich auch mitnehmen möchte. Ich ahnte auch nichts davon, dass es ein inneres Zuhause gibt, das keinen Widerspruch zu der Idee des Lebens als Reise darstellt, sondern einen notwendigen Ruhepol auf der Lebensreise ausmacht – ein Zuhause, das ich auf der Reise mitnehmen konnte.

Schon als Studenten waren meine Frau und ich in einer englischen Freikirche ehrenamtlich engagiert und als wir aus beruflichen Gründen nach Deutschland kamen, setzten wir diese Aktivitäten fort. Aufgrund dieser Mitarbeit bat mich dann unsere deutsche Gemeinde, die vakante Stelle des Pastors zu übernehmen; aus der Überzeugung heraus, etwas verändern zu können, habe ich die Berufung angenommen. Zu diesem Zeitpunkt war ich vorwiegend auf externe Ziele und Herausforderungen angewiesen; außerdem lebte ich, vielleicht als Produkt der 68er-Generation, sehr stark von der Kritik an Menschen und Institutionen. Ich meinte, erkennen zu können, was in der Gemeinde und in der Welt nicht in Ordnung war und wollte meinen Beitrag zu ihrer Veränderung leisten. Mit denen, die meinten, dass Christsein mit sozialkritischen Fragen wenig zu tun habe, sondern mehr eine innere Einstellung sei, hatte ich wenig Geduld. Als Gemeindepastor und später als Jugendpastor in Hamburg hielt ich Vorträge und Predigten über die soziale Verantwortung eines Christen und versuchte mit anderen zusammen, diese Verantwortung durch Partnerschaften in der Dritten Welt, durch die Beschäftigung mit der Friedensfrage und dann durch das Caféprojekt für Migranten in die Praxis umzusetzen.

Auch heute halte ich diese Aktivitäten für einen unentbehrlichen Bestandteil des Christseins; praktische Taten entsprechen viel mehr der Botschaft von Jesus als abstrakte Glaubensaussagen, auch wenn sie noch so fromm klingen. Aber weil mein Glaube sich weitgehend nach außen richtete, war er doch einseitig. Selbstverständlich glaubte ich als evangelikaler Christ, dass Jesus die Mitte meines Lebens ist, jedoch konnte ich weder bei mir noch bei anderen Christen beobachten, dass dieser Glaube in den tieferen Ebenen meines Lebens einen wesentlichen Unterschied ausmachte. Genau wie andere Menschen war ich von außen bestimmt; wie andere raste ich von einer Aktivität zur anderen (mit dem einzigen Unterschied, dass meine Aktivitäten sich im christlichen Bereich befanden); wie andere auch deckte ich die Unruhe und die Fragezeichen zu, die unter der schönen frommen Oberfläche meines Lebens lauerten. Ich glaubte an eine Mitte, aber lebte nicht davon.

Zu mir kommen

Irgendwann begannen mein Körper und meine Psyche mir zu signalisieren, dass sie bei dieser Art zu leben nicht mehr weitermachen. Als Teenager und gelegentlich auch später im Beruf hatte ich unter Angstzuständen und Panikattacken gelitten, die zu Phasen der leichten Depression führten, die aber nie so schlimm waren, dass ich meine Arbeit unterbrechen musste. Ich habe sie meistens dadurch überwunden, dass ich immer wieder in die Aktivität in Form einer neuen Herausforderung hineingestürzt bin. Als ich nun wieder eine Phase der Angstanfälle und Depressionen erlebte, wurde mir klar, dass ich dieses Mal eine andere Lösung brauchte. Zu dieser Zeit entdeckte ich auch Bücher von Christen, die politisch weder naiv noch passiv waren, aber von einer Spiritualität schrieben, die in der Lage war, zu einer inneren Mitte zurückzuführen, ohne die Welt aus den Augen zu verlieren. Ich fühlte mich von dieser neuen Betonung auf eine Spiritualität, die konkrete Formen annimmt und praktische Auswirkungen hat, zunehmend angesprochen und merkte: Wenn ich wieder versuchen würde, durch neue Aufgaben die Probleme in den Griff zu bekommen, könnte ich vielleicht kurzfristig die Krise überleben, aber alles, was ich verdrängte, würde mit Sicherheit früher oder später wieder auftauchen. Dieses Mal müsste ich der Sache auf den Grund gehen. Die Frage war nur, wie?

Der erste Schritt bestand darin, ehrlich zuzugeben, dass es mir nicht gut ging und mich krank schreiben zu lassen. Dies hatte ich bis zu diesem Zeitpunkt noch nicht getan, weil ich wahrscheinlich ahnte, dass es mir ohne die Beschäftigung meiner Arbeit noch schlechter gehen würde. Zweitens merkte ich, dass ich ohne fremde Hilfe diese Krise nicht überwinden würde. Ohne den Beistand und das Verständnis meiner Frau wäre ich viel eher zu einer solchen Erschöpfung gekommen, aber jetzt konnte ich ihr die Last nicht mehr zumuten, meine einzige Gesprächspartnerin zu sein. Ich hatte lange Zeit meinen Körper entweder vernachlässigt oder sportlich überstrapaziert; weil der Intellekt den Mittelpunkt meines Lebens ausmachte, war ich in meinem Körper nicht mehr zu Hause. Mit viel Einsicht und Geduld zeigte mir eine

Gesangslehrerin, wie ich körperlich und seelisch zur Stille kommen könnte, wie sich psychische Spannungen im Laufe der Zeit unbemerkt im Körper festgesetzt hatten und wie ich nach und nach neu lernen könnte, die angespannten Muskeln loszulassen.

Ich stellte bald fest, dass dieser Prozess nicht in ein paar Stunden abgeschlossen sein würde; alte Gewohnheiten in meinem Körper, aber auch in meinem Denken hatten mich im Laufe der Zeit fest in den Griff bekommen – sie zu durchbrechen, würde große Geduld und Disziplin erfordern. Während dieses Lernprozesses erkannte ich auch, dass ich mir Gott bis dahin als jemanden vorgestellt hatte, der außerhalb von mir existierte. Langsam begriff ich, dass Gott auch in mir ist und nicht nur durch Gedanken, sondern auch durch meinen Körper und längst unterdrückte Gefühle zu mir redet. Nun begann ich Gott als einen Freund und Verbündeten in mir zu erleben, der mit mir kämpft, um mein Leben von negativen Kräften zu befreien. Allmählich spürte ich, was es heißt, wenn im Neuen Testament vom »neuen Leben« geschrieben wird: nicht etwas, woran ich glaube, sondern eine von Gott geschenkte Möglichkeit, anders zu leben, die ich jeden Tag neu einüben kann.

Damals wusste ich nicht, worauf ich mich einließ. Ich dachte nur: Es ist besser, wenn diese Krise etwas tiefer geht und etwas schmerzhafter ist als sonst, wenn ich dabei die Hoffnung haben kann, mich in Zukunft besser zu verstehen und meine Ängste und Depressionen zu überwinden. Im Nachhinein kommt es mir so vor, als ob ich durch den Entschluss, mich den störenden Rätseln meines Lebens zu stellen, eine kleine Tür aufgemacht habe, durch die eine Hand ausgestreckt wurde, die mich auf einen Weg ins Unbekannte mitgenommen hat. Viel später entdeckte ich den Satz: »Gibst du der Stille den kleinen Finger, nimmt sie dir die Hand und löst die Faust« und ich wusste sofort, dass ich es genauso erlebt hatte.

Ich kann nicht behaupten, dass meine Probleme heute alle gelöst sind oder dass ich jetzt von allen Ängsten und Depressionen geheilt bin. Auch während der Arbeit an diesem Buch sind mir Lebensbereiche bewusst geworden, die mir noch tiefgehende Schmerzen bereiten und in denen ich noch keine Klarheit finde. Meinen Werdegang kann ich nicht in Schwarz-weiß-Kontrasten erzählen; es war damals nicht alles schlecht, und es ist nicht heute alles gut. Und wer sein Leben (wie auch eine politische Entwicklung) zu stark von einer »Wende« her interpretiert, läuft Gefahr, sowohl viele gute Aspekte seiner Vergangenheit aus den Augen zu verlieren als auch einiges in seiner Gegenwart zu positiv zu deuten!

Meine Geschichte ist nicht die eines einzigen Schrittes oder einer schnellen Lösung, sie ist die Geschichte einer längeren Reise. Aber eins ist mir heute klar: Diese Reise hat entscheidende Veränderungen gebracht und ich möchte deshalb nicht zurück. Die Reise ist der Weg nach Hause, zu dem Raum in mir. In diesem Leben erwarte ich nicht, dass ich bei dieser Reise irgendwo ankomme oder das Ziel erreiche, und dennoch komme ich auf dem Weg weiter. Manchmal erlebe ich sogar Augenblicke, die mir einen Vorgeschmack vom Ziel geben. Ich kann aber auch Phasen erleben, wo ich den Eindruck habe, gar keine Fortschritte zu machen oder mich sogar rückwärts zu bewegen. Und leider kann es dazu kommen, dass ich alte oder neue Fluchtwege aufspüre und mich darauf begebe. Doch letztendlich scheint sich zu bestätigen: Wenn ich die Tür zu dem Raum in mir aufschließe und mich auf die Reise mache, komme ich nicht so leicht wieder davon weg, denn ich werde nicht losgelassen.

Für die folgende Übung brauche ich etwas mehr Zeit; am besten ist es, mir einen freien Tag zu nehmen und irgendwo hinzufahren, wo ich ungestört bin. Aber wenn es nicht anders geht, kann ich mir dafür auch zu Hause etwa zwei Stunden Zeit nehmen:

Wie würde ich die Geschichte meiner Seele (der Raum in mir) bis zu diesem Zeitpunkt erzählen? Ich sitze hier und lese ein Buch über die Stille. Warum beschäftige ich mich mit diesem Thema? Welche Stationen haben mich hierhergeführt? Ich weiß, dass meine Biographie sehr vielfältig ist, aber ich versuche trotzdem, die Hauptlinien aufzuspüren.

Vielleicht könnte die Erzählung meiner eigenen Geschichte die erste Eintragung im neuen Tagebuch sein. Ich schreibe sie nicht zu ausführlich und ich komme nicht zu lange ins Grübeln, sondern beschränke mich auf die Zeit, die ich mir dafür vorgenommen habe.

Informationen zu den *vom Verfasser angebotenen Seminaren und Workshops zum Thema Spiritualität findet man unter www.lincoln-link.de*

Weiterführende Literatur

Behnken, Marianne und Heinz. *Es ruht eine Kraft in meiner Seele.* Gütersloh 2004

Bonhoeffer, Dietrich. *Gemeinsames Leben.* München 1939

Deichgräber, Reinhard. *Wachsende Ringe.* Göttingen 1985

Deichgräber, Reinhard. *Von der Zeit, die mir gehört.* Göttingen 1990

Foster, Richard. *Nachfolge feiern.* Wuppertal und Kassel 1982

Gibbard, Mark. *Gebet und Kontemplation.* Göttingen 1983

Guardini, Romano. *Vorschule des Betens.* Einsiedeln 1964

Hybels, Bill. *Aufbruch zur Stille.* Wiesbaden 1992

Jäger, Willigis (Hrsg.). *Gebet des Schweigens.* Eine Schule der Kontemplation nach der »Wolke des Nichtwissens«. Salzburg 1984

Jalics, Franz. *Kontemplative Exerzitien: Eine Einführung in die kontemplative Lebenshaltung und in das Jesusgebet.* Würzburg 1994

Jöllenbeck, Dorothea. *Bewegung von Kopf bis Fuß.* Hamburg 1993

Kierkegaard, Sören. *Gebete.* Hrsg. Walter Rest. Köln 1957

Lambert, Willi. *Das siebenfache Ja.* Würzburg 2004

Lincoln, Peter. *Wie der Glaube zum Körper findet: Focusing als spiritueller Übungsweg.* Neukirchen-Vluyn 2007

Loccumer Brevier. Hrsg. Loccumer Arbeitskreis für Meditation. München 1993

MacDonald, Gordon. *Ordne dein Leben.* Wiesbaden 1988

MacDonald, Gordon. *Zurück zur ersten Liebe.* Wiesbaden 1988

Nouwen, Henri. *Ich hörte auf die Stille: Sieben Monate im Trappistenkloster.* Freiburg 2008

Riddell, Michael. *Godzone.* Oxford 1992

Rohr, Richard. *Von der Freiheit loszulassen.* München 1990

Tournier, Paul. *Geborgenheit – Sehnsucht des Menschen.* Freiburg 1971

Zink, Jörg. *Wie wir beten können.* Stuttgart und Berlin 1970